창의적인 전래놀이 지도를 위한

전통놀이의 이론과 실제

서윤희·송유순·전도근 지음

예감출판사

머리말

오늘날 우리의 현실을 보면 출산율의 감소로 인하여 급격하게 아이들이 줄어가고 있으며, 갈수록 영유아가 줄어가고 있다. 더욱이 핵가족화로 인하여 자녀수의 감소는 아이들의 사회성을 축소시키고 있으며, 주의력 결핍과 과잉행동장애(ADHD)와 묻지마 살인과 같은 충격적인 범죄를 일으키는 조현병이 증가하고 있다. 독신 가구의 증가와 개인주의 성향으로 인하여 점차 혼자 노는 문화가 증가하고 있다.

그리고 의료기술의 발전은 평균수명의 증가로 이어져 자연스럽게 노인 인구도 급격하게 증가하여 현재는 65세 이상의 인구가 15% 정도지만 앞으로 20년 후에는 30%에 도달할 것으로 예측하고 있다. 이로 인하여 노인 빈곤과 노화로 인한 질병 문제가 심각해지고 있지만 더 큰 문제는 오래 사는 것에 반비례해서 여생을 보내기 위한 여가문화가 절대적으로 부족하다는 것이다.

이러한 인구학적 현실 속에서 우리 사회의 급속한 산업화와 서구화에 의하여 전통문화가 급속하게 소멸되고 있다. 그리고 컴퓨터 매체 등의 확산으로 놀이 양상은 아날로그 문화에서 디지털 문화로 변화되고 있으며, 자극적인 여가문화가 다양하게 생겨나고 있다. 이러한 현실 속에서 우리의 자랑스러운 전통문화나 전통놀이가 급속하게 밀려나고 있으며, 주변에서 찾아보기 힘들게 되었고, 사라져가는 것들도 많다.

전통놀이는 민족의 생활과 결부되어 조상의 슬기와 얼이 깃들어 있는 놀이로, 전통사회가 기르고자 했던 신념과 가치를 담고 있는 하나의 문화 프로그램이다. 전통놀이가 전승되어 온 이유는 민간에 의해 전승되는 풍습으로 공동의 치유와 성장을 추구하고 이해관계를 회복하고 집단의 평안과 축복을 기원하는 것이다.

전통놀이는 대·소 근육을 사용하여 신체발달을 통한 건강 증진은 물론, 공동체 의식을 강조하여 사회성 발달이나, 언어 발달, 표현 및 탐구능력과 인지능력을 발달에도 도움을 주어 전인적으로 발달하게 해준다. 그리고 전통놀이는 즐거움을 주는 유희적 요소로 자발적으로 참여하게 하고, 적극적으로 몰입할 수 있게 해준다.

뿐만 아니라 놀이에 참여하는 동안 긍정적인 생각과 바람직한 인간관계를 유지하게 하고, 대인관계를 중심으로 하는 사회성 발달을 돕는다.

특히 전통놀이는 노인들을 삶과 마음을 치유케 하고, 소외감, 심리적 갈등, 우울증, 치매예방, 건강유지 등을 통해 여생을 행복하게 편안하게 살 수 있게 해준다. 이처럼 전통놀이는 남녀노소 누구나 언제 어디서나 쉽게 할 수 있는 놀이로서 얻을 수 있는 장점이 많다.

그러한 뜻에서 이 책은 전통놀이를 자연스럽게 접할 수 있도록 하기 위하여 쉽게 배울 수 있는 전통놀이들을 찾아 놀이의 개념, 놀이의 유래, 놀이도구, 놀이방법 등을 상세히 다루어 누구나 언제 어디서나 쉽게 배울 수 있도록 하였다. 그리고 기본 전통놀이를 활용하여, 건강 증진과 함께 재미적인 요소와 경기적인 요소를 가미한 전통체육도 만들어서 제공하고 있다.

이 책을 통하여 전통놀이가 필요한 사람들에게 보급되어 행복한 세상이 되길 바래 본다.

지은이 전도근

목 차

제1장

전통놀이의 개념과 실태

1. 전통놀이의 개념

전통놀이는 지역에서 자연 발생적으로 공동의 필요성에 의해 구속력을 지니고 오랫동안 유지하면서 전파·전승되는 것으로, 일정한 규칙 또는 방법에 따라 즐겁게 노는 놀이를 말한다. 따라서 전통놀이는 옛날부터 민간에 전승되어 오는 여러 가지 놀이로서, 향토문화나 지역의 영향을 받아 만들어졌으며, 지금까지 전해져 오는 즐겁게 노는 놀이를 모두 포함한다.

전통놀이는 전통오락, 전통유희, 전통경기, 전통예능, 전승놀이, 민속놀이, 향토오락, 전통체육 등으로 불리기도 하며, 이들을 총괄하는 용어로 사용되기도 한다.

전통놀이를 정확히 알기 위해서는 전통과 관련된 단어의 개념에 대해서 이해를 해야 한다. 그래야 어떤 것이 전통놀이인지, 아닌지를 알 수 있기 때문이다.

1) 전통(傳統)의 정의

전통(傳統)이란 어떤 집단이나 공동체에서 이미 지난 시대에 이루어져 계통을 이루어 전해 내려오는 행동·관습·사상 따위의 양식을 말한다. 따라서 '전통'은 '민속'과 '고전'의 의미를 모두를 아우르는 말이다.

전통과 비슷하지만 차이가 있는 단어들은 고전, 고전, folklore 등이 있으며, 차이를 보면 다음과 같다.

❶ 고전(古典)

오랫동안 많은 사람에게 널리 읽히고 모범이 될 만한 문학이나 예술 작품을 말한다. 고전은 오래전에 스스로 생겨나 어느 시기에 단절되었지만 그 단절된 시기의 형태로 재구성하거나, 보전하는 것을 말하기도 한다.

❷ 민속(民俗)

민속(民俗)이란 말은 '민간의 풍속(風俗)'이란 말의 약어로, 자기 이 오늘의 생활 속까지 살아 있는 민간 생활과 결부된 신앙, 습관, 풍속, 전설, 기술, 전통문화 따위를 일컫는 말이다.

따라서 민속은 문명이 있는 곳에서 서민사회에 자연 발생적으로 만들어져서 전승되는 각 지역이나 민족의 전통적이고 고유한 서민 문화라고 할 수 있다.

❸ 포크로어(folklore)

전통은 영어로는 포크로어(folklore)로 영국의 전통학자인 톰스(Thoms, W. J)가 1846년에 처음으로 사용했다. 이 말은 folk(민간 또는 대중)와 lore(지식, 지혜)의 합성어로서 '민간의 지식'이라는 의미가 있다. 즉 영어의 포크로어(folklore)의 의미는 한 지역의 구성원이 생활해 나가는 데 필요로 하는 지식과 생활양식이 기반이 되고 있기 때문에 우리가 사용하는 전통이라는 용어와 그 개념이 일치한다고 할 수 있다.

2) 전통학의 정의

전통학이란 예로부터 민간에 전승되어온 풍속·제도·습관·신앙 따위를 조사, 기록하여 민족의 전통적 문화를 구명하려는 학문을 말한다.

전통학은 단지 민족의 교양이나 지적 수준을 연구하는 학문이라기보다는 그 민족의 생활양식을 연구하고 체계화하는 학문이라고 할 수 있다.

3) 전통오락과 향토오락의 정의

전통오락은 민간에서 옛날부터 내려오는 쉬는 시간에 일정한 규칙 또는 방법에 따라 여러 가지 방법으로 기분을 즐겁게 하는 일을 말한다.

4) 전통유희의 정의

전통유희는 민간에서 옛날부터 내려오는 즐겁게 놀며 장난할 수 있는 행위를 말한다,

5) 전통유희의 정의

전통경기는 민간에서 옛날부터 내려오는 일정한 규칙 또는 방법에 따라 기량과 기술을 겨루는 행위를 말한다.

5) 전통예능의 정의

전통예능은 민간에서 옛날부터 내려오는 연극, 영화, 음악, 미술 따위의 예술과 관련된 능력을 표현하는 행위를 말한다.

6) 전승놀이와 민속놀이의 정의

전승놀이는 민속놀이라고도 하며 민간에서 옛날부터 내려오는 여러 사람이 모여서 일정한 규칙 또는 방법에 따라 즐겁게 노는 활동을 말한다.

7) 전통체육의 정의

전통체육은 민간에서 옛날부터 내려오는 일정한 운동 따위를 통하여 신체를 튼튼하게 단련시키는 일을 말한다.

2. 전통문화와 전통놀이의 관계

전통문화는 한 나라에서 발생하여 전해 내려오는 그 나라 고유의 문화를 말한다. 전통놀이는 전통문화 중에서 놀이나 유희 그리고 오락적인 성격을 가진 것을 말한다. 따라서 전통놀이의 범주를 이해하기 위해서는 전통문화에 대해서 이해를 해야 한다.

전통문화의 분류는 나라마다 다르지만 우리나라에서는 크게 구비 전통문화, 신앙 전승 문화, 의식·행사 전승 문화, 기예 전통문화, 공동생활 구조 전통문화 등 5가지로 나눌 수 있다.

전통문화 중에서 일정한 규칙이나 방법을 가지고 즐겁게 노는 것은 전통놀이라고 할 수 있다.

1) 구비 전통문화

글로 되어있지 않고 사람들의 입으로 전달되는 문화를 말한다. 구비 전통문화로는 설화(신화·전설·민담·동화·야담·소화), 민요, 판소리, 무가, 속담, 수수께끼, 방언, 은어 및 민속극의 대사 등이 있다.

<표 1-1> 구비전승 문화

구 분	내 용
설화(說話)	있지 아니한 일에 대하여 사실처럼 재미있게 말하는 것을 말하거나 또는 그런 이야기 ·신화(神話) : 고대인의 사유나 표상이 반영된 신비하고 신성한 이야기 ·전설(傳說) : 옛날부터 민간에서 전하여 내려오는 이야기. 공동체의 내력이나 자연물의 유래, 이상한 체험 따위를 소재로 한다.

구 분	내 용
	·민담(民譚) : 예로부터 민간에 전하여 내려오는 이야기 ·동화(童話) : 아이를 위하여 동심을 바탕으로 지은 이야기. 또는 그런 문예 작품. 대체로 공상적·서정적·교훈적인 내용 ·야담 (野談) : 민간에서 사사로이 기록한 역사인 야사(野史)를 바탕으로 흥미 있게 꾸민 이야기 ·소화(小話) : 짤막한 이야기
민요(民謠)	예로부터 민중 사이에 불려오던 전통적인 노래를 통틀어 이르는 말로 대개 특정한 작사자나 작곡자가 없이 민중 사이에 구전되어 내려오며 민중들의 사상, 생활, 감정을 담고 있다.
판소리	광대 한 사람이 고수(鼓手)의 북장단에 맞추어 서사적인 이야기를 소리와 아니리로 엮어 발림을 곁들이며 구연하는 우리 고유의 민속악
무가(巫歌)	무당이 부르는 노래
속담(俗談)	예로부터 민간에 전하여 오는 쉬운 격언이나 잠언을
수수께끼	어떤 사물이나 현상이 복잡하고 이상하게 얽혀 그 내막을 쉽게 알 수 없는 것
방언(方言)	한 언어에서, 사용 지역 또는 사회 계층에 따라 분화된 말의 체계를 말하며 사투리라도 한다.
은어(隱語)	어떤 계층이나 부류의 사람들이 다른 사람들이 알아듣지 못하도록 자기네 구성원들끼리만 빈번하게 사용하는 말
민속극(民俗劇)의 대사	민간에 전하여 내려오는 극 양식. 가면극, 인형극 따위에서 배우들이 사용하는 말, 대화, 독백, 방백

2) 신앙 전통문화

신앙이란 초자연적인 절대자나 창조자 및 종교 대상에 대하여 두려워하고 경건히 여기며, 자비·사랑·의뢰심을 갖는 일을 말한다. 신앙 전통문화로는 예조, 점복, 금기, 부적, 자연숭배, 동물숭배, 이인숭배, 가택신, 마을신, 무속 등이 있다.

<표 1-2> 신앙전통문화

구분	내 용
예조(豫兆)	조짐이나 징후
점복(占卜)	점치는 일
금기(禁忌)	오랫동안 문화로 굳어진 마음에 꺼려서 하지 않거나 피하는 것
부적(符籍)	잡귀를 쫓고 재앙을 물리치기 위하여 붉은색으로 글씨를 쓰거나 그림을 그려 몸에 지니거나 집에 붙이는 종이
자연숭배(自然崇拜)	특정한 자연 현상이나 자연물을 신성시하고 숭배하는 일
동물숭배(動物崇拜)	어떤 동물을 신이나 신의 변한 모습을 섬기는 자연 숭배하는 것
이인숭배(異人崇拜)	다른 부족이나 사람을 숭배하는 것
가택신(家宅神)	집을 지키며 집안의 운수를 좌우하는 신
마을신	마을을 지켜 주는 신을 말하며, 주로 산신당이나 서낭당에 모신다.
무속(巫俗)	무격(巫覡) : 무당과 박수를 아울러 이르는 말 무의(舞衣) : 무당과 박수가 춤출 때 입는 옷

3) 의식·행사 전통문화

의식은 행사를 치르는 일정한 절차나 정해진 방식에 따라 치르는 행사를 말한다. 의식·행사 전통문화로는 산속, 혼속, 상장, 제례, 연중행사, 세시풍속 등이 있다.

<표 1-3> 의식·행사 전통문화

구 분	내 용
산속(産俗)	출산의례라고도 하며, 자식 얻기를 기원하는 기자(祈子)로부터 출산전 금기, 해산속(解産俗), 산후속(産後俗) 등
혼속(婚俗)	결혼의례라고도 하며, 결혼하기 위하여 궁합과 사주를 보는 것, 혼례식, 폐백 등
상장(喪葬)	장사 지내는 일과 삼년상을 치르는 일
제례(祭禮)	제사를 지내는 의례
연중행사(年中行事)	해마다 일정한 시기를 정하여 놓고 하는 행사를 말하며, 3·1절, 광복절 등
세시풍속(歲時風俗)	예로부터 해마다 관례로서 행해지는 전승적 행사를 말하며, 추석, 단오, 설 행사 등

4) 기예 전통문화

기예는 예술로 승화될 정도로 갈고닦은 기술이나 재주를 말한다. 기예 전통문화로는 음식, 의복, 주거, 민구, 민속유희, 민속놀이, 민속경기, 민속무용, 민속음악, 민속극, 민간의료 등이 있다.

<표 1-4> 기예 전통문화

구 분	내 용
음식(飮食)	사람이 먹을 수 있도록 만든, 밥이나 국 등

구 분	내 용
의복(衣服)	몸을 싸서 가리거나 보호하기 위하여 피륙 따위로 만들어 입는 물건
주거(住居)	일정한 곳에 머물러 사는 곳이나 집
민구(民具)	예로부터 민중이 일상생활에서 써 온 도구나 기구. 공예품에 상대하여 실용적인 농기구, 문방구, 상구(商具), 놀이 기구 등
민속유희(民俗遊戱)	민간에서 하는 즐겁게 놀며 장난하는 행위를 말한다. 쥐불놀이, 줄다리기 등
민속놀이	민간인들에 의하여 자연 발생적으로 공동의 필요성에 의해 구속력을 지니고 오랫동안 유지하면서 전파·전승되는 놀이
민속경기(民俗競技)	한 민족의 역사적 전통으로 내려오는 고유한 형식의 경기로 씨름, 그네뛰기, 널뛰기, 활쏘기, 줄다리기 등
민속무용(民俗舞踊)	민간에 전하여 내려오는 춤
민속극(民俗劇)	민간에 전하여 내려오는 극 양식을 말하며, 가면극, 인형극 등
민간의료(民間醫療)	옛날부터 내려오는 일상생활 주변에서 쉽게 얻을 수 있는 약물이나 주술적 방법으로 질병을 치료하는 의료행위
무속(巫俗)	무격(巫覡) : 무당과 박수를 아울러 이르는 말 무의(舞衣) : 무당과 박수가 춤출 때 입는 옷

5) 공동생활 구조 전통문화

본능적으로 일정한 시간과 공간에서 여럿이 서로 도우며 사는 생활 속에서 나타나는 독특한 문화를 말한다. 공동생활 구조 전통문화에는 가족제도, 사회구조, 경제조직, 생업기술(농촌·어촌·산촌) 등이 있다.

3. 전통놀이의 역사

1) 삼국시대의 놀이

삼국시대 이전은 농업을 중심으로 혈연집단을 기초로 공동생활을 하는 원시 공동체를 이루고 살던 시대였다. 당시는 신분적인 계층의 분화나 통치권에 따른 지배층과 피지배층의 구분이 없었다. 그래서 공동으로 일하고 신앙하며, 더불어 즐기는 공동체 사회로서, 일정한 방식에 의한 지도자는 있되 전제적인 통치자는 없었다.

따라서, 삼국시대 이전에는 놀이의 경우에도 공동체의 구성원이 계층적 제한 없이 공동으로 참여하는 문화가 중심을 이루었다. 이때의 놀이는 일을 하면서 일을 즐겁게 하기 위하여 노래와 춤같은 놀이를 병행하였다. 그리고 자연에 대한 두려움에 대하여 주술적인 신앙 행위가 생겨나고, 이와 함께 농경문화로 인한 수확이나 결실에 대한 감사를 드리며 놀이를 하였기 때문에, 자연스럽게 일과 신앙, 놀이가 통합적으로 이루어졌다.

부족국가가 형성되고 삼국시대가 형성되면서 농업이 발전하게 됨에 따라 절기에 따른 세시풍속이 형성되었으며, 놀이도 이를 바탕으로 생성되었다.

3세기경부터는 도시를 중심으로 제천행사가 나타났다. 제천행사는 많은 사람들이 모여서 하늘에 제사를 지내면 소원을 빌며, 국가 조직원 내의 단합을 도모하였다. 고구려에서는 동맹(東盟), 부여에서는 영고(迎鼓), 동예에서는 무천(舞天), 삼한에서는 계절제 등의 제천행사가 열렸다. 제천행사에서는 백성들은 남녀노소의 구분 없이 술과 음식을 먹으며 노래와 춤을 밤낮으로 계속해서 즐겼다. 그리고 지역의 마을 굿 같은 것을 하였다.

2) 고려시대의 놀이

삼국시대의 집단적 제사 형식인 제천행사는 고려시대에도 계속되어 팔관회(八關會)와 연등회(燃燈會)로 발전되었다.

팔관회(八關會)는 고려시대 최고의 국가 행사로서 불교 의식과 우리 민족 고유의 전통풍속이 결합된 연중행사로 성행하였던 종교 제전이자 축제였다.

팔관의 '관'은 금(禁)한다는 의미로 '팔관'은 살생, 도둑질, 음행, 거짓말, 음주, 높고 사치한 자리에 앉거나 꽃과 향수로 치장함, 가무음곡, 오후 식사를 금하는 팔계를 범하지 않음을 뜻한다.

팔관회에서는 가을의 추수를 천신에 감사하기도 하고, 국가를 위하여 전사한 장병들의 명복을 비는 행사로 종합적인 종교 행사였으며 문화제였다.

연등회(燃燈會)는 신라에서 시작되어 고려시대에 국가적 행사로 자리 잡은 불교 행사다. 연등회는 정월 보름 또는 2월 보름에 거국적으로 행해졌는데, 연등불을 밝히고 국가와 왕실의 태평을 빌었다. 연등회는 임금과 관료와 일반 백성 모두 참여하여 의식을 행하고 노래와 춤을 비롯한 온갖 놀이를 즐겼다.

고려중기부터는 악귀를 쫓는 의식에서 관중을 즐겁게 하는 구경거리로 탈놀이가 등장하게 되고, 연극 같은 것이 생기면서 배우가 등장하게 된다.

3) 조선시대의 놀이

조선시대에 들어오면 유교를 국가 통치이념으로 삼으면서 불교를 억제하는 정책에 의하여 성행되었던 연등회와 팔관회는 중단되고, 순수한 가무와 연극같은 산대잡극이 유행하였으며, 중국에서 들어온 악귀를 쫓는 의식은 계승하여 더욱 성행되었다.

광해군 때에는 나례도감 또는 산대도감이라고 하는 관청을 두어 산대잡극과 악귀를 쫓는 의식을 관장하였으며, 제천행사의 일환으로 존재하던 전문 놀이꾼인 광대들에 의한 가면놀이인 산대놀이가 점차 구경거리로서 의미를 지니기 시작하여 산대놀이로 발전하였다.

산대놀이는 양반들의 구경거리로 궁중에서 필요한 시기에 높은 대를 설치하여두고, 서울의 사대문 밖에 살면서 궁중의 천한 일에 종사하던 광대들을 동원하여 놀이를 시켰으나, 왕과 신하들은 이를 구경하며 연회를 즐겼다.

인조 이후에는 지배층이 독점하던 놀이인 격구(擊毬)·투호(投壺)·쌍륙(雙六, 雙陸)·기국(碁局:바둑·장기) 등이 성행하였다. 특히, 격구는 말과 넓은 구장이 있어야 하므로 도구 면에서도 일반 백성들이 하기에는 힘겨운 것이어서, 대부분 지배층의 놀이로 행해졌다.

일반 백성들 사이에서는 전통적으로 전해오는 농민의 단체 놀이를 하였다. 대동놀이로 유명한 것은 풍물·탈춤·지신밟기·별신굿 등이 있었다.

조선시대에서는 양반과 백성의 놀이가 이원적으로 존재하면서, 전통놀이는 하층민의 놀이로서 별도의 의미를 지니기 시작하였다.

4) 근대의 놀이

조선 말기에서 민중의 힘이 집단화되는 것을 막고자 법령을 만들어 각종 전통놀이를 규제하기 시작하였다. 특히 편싸움(石戰)과 같은 지역 단위의 대규모 겨루기 놀이는 금지하였다.

일제 강점기에는 일제의 민족의식을 말살 정책에 의하여 직접적인 탄압을 받음으로 단체놀이의 성격을 갖는 전통놀이는 사라지게 되었다. 일제는 편싸움뿐만 아니라 공동체 의식을 높이며 진취적인 민족기상을 표현하고 상무정신(尙武精神)을 고취하는 횃불싸움·줄다리기·지신밟기·동채싸움 등 대규모 집단놀이들을 집회금지라는 명목으로 금지시켰다.

독립 이후에는 놀이가 더 이상 탄압받지는 않았지만 놀이가 부흥하지 못했다. 이는 오랫동안 하지 않았기 때문에 자연스럽게 소멸되기도 하였지만, 일제 하에서 받은 식민지교육의 영향으로 민속문화에 대한 가치를 스스로 낮게 평가하여 사라지기도 하였으며, 서구문화의 영향으로 우리의 민속을 미신으로 간주하면서 전통놀이는 점차 사라져갔다.

광복 이후에는 미국 군인들이 가지고 들어온 서구의 저속한 놀이문화가 우리 사회에 들어오면서 전통놀이에 대한 흥미를 잃어버리게 하였으며 놀이의 풍속도를 완전히 바꾸어놓았다. 예를 들면 우리와 무관한 크리스마스가 새로운 명절로 등장하는 것과 동시에 설날이 신정으로 대체됨에 따라 정월 대보름이나 단오와 같은 전통적인 세시 명절이 퇴색하였다. 명절의 퇴색과 함께 전통놀이도 점차 사라지게 되고, 일부 지역에서만 근근히 명맥을 이어갔다.

1970년에 들어와 대학가를 중심으로 전통놀이에 대한 관심이 증가하기 시작하였으며, 학술적인 연구가 시작되었다. 1980년대에 들어오면서 대학가에서 탈춤패·노래패·굿패·풍물패 등이 전통적인 전통놀이를 도입하여 일반인들에게까지 크게 영향을 미쳤다.

현재는 정부가 지정한 기능보유자를 통한 탈춤·민요·판소리·풍물 등에 대한 전수 활동이 끊임없이 계속되면서 사라져가는 전통놀이에 대한 전승을 유도하고 있다. 민간단체나 학원에서 전통놀이가 전승되기도 하며, 어린이집이나 유치원과 학교에서는 전통놀이 수업이 진행되고 있다. 그러나 마을공동체의 마을 주민 전체가 참여하던 대동놀이는 점점 줄어가고 있다.

4. 전통놀이의 종류

전통놀이는 민족의 생활과 결부되어 조상의 슬기와 얼이 깃들어 있는 놀이로, 전통사회가 기르고자 했던 신념과 가치를 담고 있는 하나의 문화 프로그램이다.

전통놀이가 현재까지 계승 발전되어 알려진 것은 약 120가지 정도이다. 전통놀이를 일정한 체계를 갖추어 분류한다는 것은 놀이가 지닌 다양성 때문에 정확히 나누기는 다소 어렵다. 그러나 놀이를 누가 하느냐 하는 놀이의 주체자나, 무엇 때문에 노는가 하는 놀이의 목적, 언제 노느냐 하는 놀이의 시기 및 놀이를 수행하는 구성에 따라 다음과 같이 분류할 수 있다.

1) 연령에 따른 분류

놀이에 참여하는 사람의 연령에 따른 분류로 어른 놀이와 아이 놀이로 나눌 수 있다.

<표 1-5> 나이에 따른 분류

구 분	내 용
어른 놀이	노름, 차전놀이, 장기, 바둑 등
아이 놀이	비석치기, 술래잡기, 승경도, 자치기, 실뜨기 등

2) 성별에 따른 분류

성별에 따른 분류는 남자 놀이와 여자 놀이로 나눌 수 있다.

<표 1-6> 성별에 따른 분류

구 분	내 용
남자 놀이	팽이치기, 자치기, 연날리기, 고싸움, 제기차기 등
여자 놀이	강강술래, 널뛰기, 놋다리밟기 등

3) 신분에 따른 분류

전통놀이는 과거 신분제 사회에서 만들어졌기 때문에 신분에 따른 노는 놀이
가 달랐다. 신분에 따른 분류는 양반과 서민이 하는 놀이로 구분할 수 있다.

<표 1-7> 신분에 따른 분류

구 분	내 용
양반 놀이	시 짓기, 바둑, 장기, 투호, 서예 등
서민 놀이	씨름, 고싸움, 쥐불놀이, 차전놀이, 연날리기 등

4) 전문성에 따른 분류

전통놀이는 전문성이 있느냐 없느냐에 따라 전문가 놀이와 일반인 놀이가 있다.

<표 1-8> 전문성에 따른 분류

구 분	내 용
전문가 놀이	오랜 시간 숙련을 해야 하는 놀이로 고성 오광대, 양주 별산대, 사당패 놀이 등
일반인 놀이	특별한 기술이나 연습없이 하는 놀이로 대부분의 전통놀이가 여기에 해당된다.

5) 지역에 따른 분류

전통놀이는 지역에 따라 일부 지역에서 하는 향토놀이와 황해도와 강원도 북부를 기준으로 이남에서 주로 하는 남부 놀이가 있으며, 이북에서 주로 하는 북부 놀이가 있다. 지역놀이의 특징은 놀이 앞에 지명이 붙어 있다.

<표 1-9> 지역에 따른 분류

구 분	내 용
일부 지역 놀이	고성 오광대, 양주 별산대 놀이 등
남부 놀이	사물놀이, 거북놀이 등
북부 놀이	함경도 북청 사자놀이, 평안도에서 하는 행두계 놀이 등

6) 목적에 따른 분류

놀이의 목적에 따라 놀이 자체를 위한 놀이, 무예놀이, 유희놀이, 가무놀이(춤추며 노래부르는 놀이), 내기 놀이, 겨루기 놀이, 풍농(豊農)을 위한 놀이, 풍어(豊漁)를 위한 놀이로 구분할 수 있다.

<표 1-10> 목적에 따른 분류

구 분	내 용
무예놀이	격구, 축국, 태권, 석전, 매사냥, 마상재 같은 것이 있다.
유희놀이	윷놀이, 저포, 연날리기, 그네뛰기, 줄다리기, 줄넘기, 줄타기, 술래잡기, 장님술래, 숨바꼭질, 널뛰기, 장기, 바둑, 투호, 제기차기, 팽이, 공기, 돈치기 등이 있다.
가무놀이	관원놀이, 길쌈놀이, 놋다리밟기, 농악놀이, 다리밟기, 마당놀이 등이 있다.
내기 놀이	돈이나 음식을 걸고 놀이를 하는 것으로 순위를 겨루거나 승패가 나는 모든 놀이에 내기를 걸 수 있다.

구 분	내 용
겨루기 놀이	격구, 고싸움놀이, 나무쇠싸움, 동채싸움, 수박, 수투, 쌍륙, 줄다리기, 투전, 편싸움, 활쏘기, 횃불싸움 등이 있다.

놀이의 시기에 따라 절기에 따른 세시놀이, 계절에 따른 계절놀이, 명절과 계절에 무관하게 일상놀이로 구분할 수 있다.

❶ 세시놀이

세시(歲時)는 일 년 중 절기 또는 계절에 따른 때를 일컫는다. 이 때문에 세시는 24절기는 물론이고, 명절이나 그밖에 다른 절기를 아우르는 명칭이다. 따라서 세시놀이는 명절이나 24절기나 계절을 바탕으로 한 놀이를 말한다.

<표 1-11> 세시놀이

구 분	내 용
청초 놀이	연날리기, 윷놀이, 널뛰기가
정월대보름	쥐불놀이, 줄다리기, 고싸움, 차전놀이, 다리 밟기
4월 초팔일	연등놀이
5월 단오	씨름과 그네뛰기
8월 추석	강강술래, 길쌈놀이

❷ 계절놀이

계절놀이는 계절에 따라 노는 놀이를 말한다.

<표 1-12> 계절놀이

구 분	내 용
봄	그네뛰기, 씨름, 줄다리기, 농악놀이 등
여름	방아깨비놀이, 두꺼비집짓기 등
가을	강강술래, 달맞이, 소싸움, 닭싸움 등
겨울	팽이치기, 썰매 타기, 쥐불놀이 등

❸ 일상놀이

일상놀이는 명절이나 24절기와 관련 없이 일상생활 속에서 언제나 하는 놀이를 말한다. 장기, 바둑, 비석치기, 술래잡기, 승경도, 자치기, 실뜨기 등의 놀이가 있다.

8) 구성에 따른 분류

놀이의 구성에 따라서는 개인놀이, 상대놀이. 집단놀이로 나눌 수 있다.

<표 1-13> 전문성에 따른 분류

구 분	내 용
개인놀이	·혼자 즐김으로 인해 스스로의 만족을 위해서 하는 놀이로 ·연날리기, 제기차기, 수놓기 등
상대놀이	·개인이나 소수가 상대를 대상으로 하는 놀이 ·술래잡기와 자치기 등
집단놀이	·마을 공동체의 사회적 통합과 결속을 강화하기 위해 집단으로 나누어 노는 놀이 ·집단적 힘이나 화합과 단결이 아니고는 원칙적으로 수행하기 힘든 놀이

구 분	내 용
	·집단놀이는 마을민 모두가 하나로 어우러지는 놀이나 두 패(한 마을 또는 이웃마을)로 나누어 겨루기를 함 ·구성원 모두가 하나가 되어 즐김으로써 공동의 목적을 달성하고, 협동심을 고취하는 역할 ·대동놀이나 줄다리기 등

[그림 1-1] 차전놀이

5. 외국의 전통놀이

1) 일본전통놀이 - 다루마오토시

일본의 전통놀이인 다루마오토시라는 일본의 장난감 다루마오토시를 가지노노는 놀이를 말한다.

다루마오토시는 일본어로 '달마'를 뜻하는 '다루마'와 '떨어뜨리다'라는 뜻의 '오토시'가 섞인 말로 '달마 떨어뜨리기'라고 해석할 수 있다. 장난감의 얼굴이 그려져 있는 블록이 달마를 닮아 이런 이름이 붙여졌다.

다루마오토시 놀이 방법은 블록을 차례로 쌓아놓고 장난감 망치로 아래의 블록부터 차례대로 빼내는 게임이다. 이때 블록이 중간에 넘어지면 탈락하게 된다. 다루마오토시 놀이는 적당한 힘 조절과 균형감각을 필요로 하는 게임이라 쉽지만은 않지만 온 가족이 같이할 수 있으며, 중독성도 강한 놀이다.

[그림 1-2] 다루마오토시

2) 중국전통놀이 –콩쥬

중국에는 '콩쥬'라는 전통놀이가 있다. 콩쥬는 속이 빈 대나무(空竹)로 만들었다고 해서 붙여진 이름이다.

콩쥬 놀이 방법은 장구처럼 생긴 콩쥬를 양쪽에 손잡이가 달린 줄을 콩쥬의 가운데 몸통 부분에 여러 번 돌려 감는다. 양쪽 어깨를 들썩이며 공중에서 콩쥬를 돌리면 된다. 이렇게 하면 속이 비어 있는 콩쥬에서 소리가 나고 어깨도 들썩여지게 된다.

몸을 많이 사용하지 않기 때문에 남녀노소 불문하고 누구나 즐길 수 있는 놀이다. 하지만 콩쥬는 중국 서커스의 한 종목으로도 인정받고 있다.

[그림 1-3] 콩쥬

3) 말레이시아 전통놀이 – 세팍타크로

세팍타크로는 말레이시아어로 '차다'라는 뜻의 '세팍'과 타이어로 '공'을 뜻하는 '타크로'의 합성어로 발로하는 배구와 같다. 15세기 말레이시아 왕실 코트에서 놀이로 시작되어 현재 타이·싱가포르·필리핀·타이완 등 동남아 일대에서 널리 성행하는 스포츠가 되었으며, 1990년 북경아시안게임 때 정식 종목으로 채택되었다.

경기는 각각 3명으로 이루어진 2개 팀으로 진행되며, 1명은 전위, 2명은 후위의 오른쪽·왼쪽에서 경기가 진행된다. 경기장의 포스트는 플로어에서 높이 1.55 m로, 네트를 팽팽히 지탱하는 데 충분할 정도로 강건해야 한다. 재질은 아주 단단해야 하되 반경 0.03m 이내가 되어야 한다.

네트의 크기는 너비 0.72m, 길이 6.71m이고 볼은 구형으로 12개의 구멍을 가진 9~11가닥으로 구성된 등나무 줄기로 만들어졌으며, 둘레는 41~43m, 중량은 경기 전에는 160~180g이 되어야 한다. 1세트의 승점은 15점이며, 매 세트 후 양팀은 코트를 바꾸고 2세트를 먼저 얻은 팀이 승자가 된다.

[그림 1-4] 세팍타크로

4) 베트남 – 냐이 삽

베트남에서는 봄철에 주로 타이 족 여성들이 예쁜 전통 옷을 입고 '냐이 삽'
이라는 전통놀이를 한다. '냐이 삽'은 우리나라의 전통놀이인 고무줄 놀이와 비
슷한 놀이로서, '냐이 삽'은 고무줄 대신 대나무를 사용한다. 대나무를 사용하
여 놀이를 하기 때문에 대나무 댄스(bamboo dance)라고도 하며, 대나무가
많은 태국이나 필리핀 등 동남아시아에서 널리 성행하고 있다.

놀이 방법은 대나무 2개를 양손에 들고 땅에서 이를 움직이면 대나무 중간에
있던 사람이 대나무를 피하기 위해 뛰는 놀이를 한다.

[그림 1-5] 냐이 삽

5) 프랑스 전통놀이 – 죽마놀이

프랑스에서는 죽마놀이라는 전통놀이가 있다. 우리나라에서는 '대말타기' 또
는 '죽족(竹足)'이라고도 한다. 긴 막대기나 마당비 따위를 두 다리 사이에 끼
워 올라타고 왔다 갔다 하며 노는 놀이로서, 여러 명의 아이가 줄을 지어 나란
히 타기도 하고 혼자서 즐기기도 한다.

죽마놀이는 대나무로 높은 신발을 만들어 신고서 몸싸움이라든가 오래 신고

있기 등을 한다고 한다. 죽마놀이 축제도 있다.

[그림 1-6] 죽마놀이

6) 인도 전통놀이 - 파치시

　인도의 전통놀이인 '파치시(Parcheesi)'는 전국민적인 놀이로 인기가 많은 전통놀이다. '파치시' 판과 말을 가지고 하는 놀이다. 일반적으로 2명씩 1조가 되어 4명이 한다.

　노는 방법은 십자형 놀이판의 트랙 주변으로 말을 이동시키는데, 말의 행마는 주사위를 던져서 결정한다. 참가자에게는 각각 4개의 말이 주어지며, 말은 중앙구역에서부터 시작하여 참가자와 가장 가까운 중간 트랙을 따라 내려가 놀이판의 외곽 트랙을 시계반대 방향으로 돌며 이동한다. 외곽 트랙을 전부 돌고 먼저 중앙구역으로 되돌아온 조가 이기게 된다. 트랙을 따라 X 표시가 되어 있는 칸은 성을 나타내며, 이 칸을 미리 점거하고 있는 말은 잡히지 않는다. 이미 점령당한 성은 점령한 사람의 다른 말이나 같은 선수의 말이 사용할 수 있으나 상대방 조의 말들은 사용할 수 없다. 성이 아닌 칸에 놓여진 말들은 만일 상대방 조의 말이 그 칸에 당도하게 되면 상대방에게 잡혀 중앙구역으로 되돌아가 다시 처음부터 시작해야 한다.

[그림 1-7] 파치시

7) 미국 - 춤놀이

미국의 전통놀이는 주로 춤이 많다. 쟈이브(Jive)는 1927년 경 뉴욕의 하렘(Harlem)이란 흑인 거주지에서 째즈(Jazz)음악의 일종인 스윙(Swing) 리듬에 맞추어 처음으로 추어진 춤이다. 과거에는 미국을 휩쓸 정도로 인기가 절정에 달했다. 2차 세계대전 중는 미군들에 의해 유럽에 퍼졌고 세계대전이 끝날 때까지 놀랄 만한 인기는 계속되었다.

블루스(Blues)는 미국의 흑인 노예 사이에서 생긴 달콤하고 애달픈 애수를 띤 블루스의 곡조에 맞추어 추는 춤이다. 블루스는 스텝이 간단하고 워크와 샤세(chasse)로 이루어져 있기 때문에 초보자에게는 가장 쉬운 종목이다.

[그림 1-8] 쟈이브(Jive) 댄스

8) 아프리카 - 훌라후프

우리가 흔히 하는 훌라후프는 원래 아프리카 원주민들이 나무 덩굴을 엮어서 허리로 돌리며 놀던 전통놀이가 플라스틱을 사용하여 만든 것이다.

6. 전통놀이의 효과

전통놀이를 하면 운동 효과와 정서적 효과와 교육적 효과가 생긴다.

1) 운동 효과

전통놀이를 하면 목적물을 맞추고, 뛰고, 달리고, 던지고, 숨고, 밀고, 당기는 활동을 통해 온몸을 움직이면서 놀기 때문에 신체적으로 건강해진다.

❶ 유산소 운동 효과

유산소 운동이란 운동을 하면서 숨이 차지 않으며 큰 힘을 들이지 않고도 할 수 있는 운동을 말한다. 전통놀이를 하면서 규칙에 따라 움직이게 되면 유산소 운동을 하게 되어 건강을 높이는 효과가 있다. 유산소 운동은 몸 안에 최대한 많은 양의 산소를 공급시킴으로써 심장과 폐의 기능을 향상시키고, 특히 혈관조직을 강하게 만드는 혈관성 치매예방에 효과가 있다.

❷ 치매예방 효과

치매란 대뇌가 손상을 입어 인지기능의 저하와 언어능력의 저하, 신체적 기능이 지속적이고 전반적으로 손상되는 질환을 말한다. 치매는 자신에게도 가혹한 질병이지만 가족에게 육체적·경제적·정신적 고통을 준다. 전통놀이를 하게 되면 뇌를 자극하여 인지기능을 높이고, 유산소 운동의 효과가 있기 때문에 치매예방에 효과가 있다.

❸ 유연성 증가

유연성이란 몸의 균형을 잡거나 바른 자세를 취할 때뿐만 아니라 운동을 수행하는 데 크게 작용하는 체력요소를 말한다. 유연성은 몸을 비틀고, 굽히고, 돌리고, 숙이는데 근육을 부드럽고 효율적으로 움직이는데 필수적이다.

전통놀이를 하게 되면 몸을 굽히거나 비틀고 숙이는 일을 반복적으로 하기 때문에 유연성이 증가하게 된다. 유연성이 생기면 근육에 탄력이 생기며, 관절의 가동범위가 확대되어 할 수 있는 운동이 증가하게 된다.

❹ 근력 향상

근력이란 근육이 한 번에 최대로 낼 수 있는 힘을 말한다. 힘을 기른다는 것은 근력을 향상시킨다는 것을 의미한다. 근력은 일상생활에서 전반적인 신체활동을 자유롭게 할 수 있게 해주고, 각종 질병에 대한 저항력을 키워주어, 건강하고 활기찬 생활을 할 수 있게 해준다. 전통놀이를 하게 되면 대근육과 소근육이 발달하게 되며 근력이 향상된다.

❺ 지구력 향상

지구력이란 운동을 지속하는 능력을 말한다. 전통놀이를 하게 되면 양손의 근육을 사용하여 반복하여 움직여야 하기 때문에, 지구력이 향상된다.

❻ 협응력 향상

협응력이란 근육·신경기관·운동기관 등의 움직임의 상호조정 능력을 의미한다. 즉 눈으로 보고 머리·어깨·입·팔·손가락 등을 연결하여 움직이는 신체적 조절능력을 말한다. 전통놀이를 하게 되고 운동을 해야 하기 때문에 협응력이 향상된다.

❼ 신체의 균형감각 발달

전통놀이를 하게 되면 각 근육과 신경을 골고루 사용하기 때문에 신체의 균형감각이 발달하게 된다.

전통놀이는 여럿이 함께 움직이며 정서를 표출하고 집단 안에서 자신의 생각과 행동을 조절하고 규칙을 따르는 과정에서 공동체 의식, 협동성을 기르며, 조상들의 생활과 밀접한 연관 속에서 공감력을 기르게 된다.

❶ 사회성 향상

사회성은 사회생활을 하려고 하는 인간의 근본 성질을 말한다. 전통놀이를 하게 되면 나이, 성별, 장애 여부에 관계없이 누구나 참여하기 때문에 인간관계가 증가하여 사회성이 향상된다.

❷ 준법성 향상

전통놀이는 주로 어울려서 함께 노는 놀이가 대부분이기 때문에 놀이마다 규칙을 가지고 있다. 이러한 규칙을 준수해야지만 놀이가 이루어지기 때문에 놀이를 하는 동안 자연스럽게 사회적 규칙의 중요성을 습득하게 된다.

❸ 도덕성 향상

도덕성은 선악의 견지에서 본 인격, 판단, 행위 따위에 관한 가치를 말한다. 전통놀이를 하게 되면 판정이 객관적이고 공정하게 이루어지며, 과도한 경쟁심을 억제하고 상대방에 대한 배려를 해야 한다. 또한 놀이에 참가해서는 놀이예절을 지켜야 하므로 예절을 함양할 수 있다.

❹ 자존감 향상

자존감이란 자신을 사랑하고 가치 있게 느끼며 자기 자신에 대하여 유능하고 능력 있는 존재로 여기는 생각을 말한다. 전통놀이를 하게 되면 개인의 부정적 정서를 긍정적으로 변화시키며, 자신의 내면을 이해하고, 자신의 능력을 깨닫게 되어 자존감이 향상된다.

❺ 인성 향상

인성은 자신만의 생활스타일로서 다른 사람들과 구분되는 지속적이고 일관된 독특한 심리 및 행동 양식을 말한다.

인성은 사람 됨됨이가 일정한 가치 기준에 도달했을 때를 의미한다. 전통놀이를 하게 되면 타인을 공감하는 능력이 향상되어 결과적으로 상대방을 배려하면서 사회성 발달이 이루어진다.

❻ 성취감 부여

전통놀이는 대부분 진행이 쉬운 단계에서 점차 어려운 단계로 성취해가는 과정의 연속이다. 따라서 일정한 단계에까지 도달하는 활동은 성취감을 느끼게 해준다.

❼ 창의력 향상

놀이는 현실 세계에서는 실현할 수 없는 욕구를 가질 수 있을 뿐만 아니라 나름대로 상상의 세계를 펼칠 수 있어 창의력이 길러진다.

❽ 민족 정서 공유

전통놀이에는 노래를 부르면서 하는 것이 많다. 전통놀이와 전래동요를 부르다 보면 자연스럽게 우리나라 고유의 민족 정서를 쉽게 공유할 수 있다.

❿ 즐거움 제공

전통놀이는 자발적으로 참여하는 정신적 만족감을 바탕으로 이루어지는 활동으로서 정신적·육체적 긴장을 이완시켜 주므로 즐거움을 갖게 한다.

3) 교육적 효과

❶ 전통놀이는 규칙에 따라 팀이 협동심을 바탕으로 놀아야 한다. 따라서 전

통놀이를 하게 되면 개인과 팀이 융화하는 사회성과 협동심을 몸으로 익히게 된다.

❷ 전통놀이를 하게 되면 개인주의, 이기주의 등의 인성교육이 부족한 현실에서 상대방을 배려하는 마음과 이해심을 가지게 된다.

❸ 놀이는 다양한 전술을 통한 팀의 일체감 형성과 개인의 능력을 배양시켜 자신감을 갖게 한다. 따라서 전통놀이를 하게 되면 자신의 힘으로 일을 처리하는 자립심과 의지력 키울 수 있다.

❹ 놀이는 도전, 즐거움, 모험 등을 실현할 수 있는 다양한 프로그램을 제공할 수 있고, 체육수업 프로그램을 다양화할 수 있는 디딤돌이 된다.

❺ 놀이는 운동의 기능을 가지고 있어 전통놀이를 하기 위하여 참여하게 되면 심신을 강하게 만드는 효과가 있다.

❻ 놀이는 체육수업에 소외되어 왔던 체력이 약한 학생이나 여학생에게 적극적으로 수업에 참여할 수 있는 기회를 제공하여 '즐거움'과 '참여' 그리고 '체험' 하게 된다.

제2장

일상 전통놀이

1. 가마놀이

1) 개관

가마는 옛날에 탈것의 하나로 한 사람이 들어앉았고 두 사람 또는 네 사람이 메고 다녔다. 이를 본떠서 세 사람의 남녀 아이들이 두 사람이 서로의 손을 마주 걸어서 정(井)자형의 가마를 만들어 한 명을 태우는 놀이를 말한다. 가마놀이는 주로 남녀 아이들이 한다.

2) 놀이 방법

가마놀이는 조선 시대부터 생겨난 것으로 보이는데, 당시는 신분제도가 엄격하여 양반만이 가마를 탈 수 있거나, 시집을 가는 날과 같이 특정한 날의 주인공이 아니면 힘든 일이었다. 따라서 가마를 타고 싶었던 아이들은 이를 모방하여 자기들끼리 가마의 모형을 만들어 놀게 되면서 생겨난 놀이로 여겨진다.

2) 놀이 방법

● 목표물 돌아오기

목표물 돌아오기는 20~30여 명이 편을 나누어서 하는 놀이다.

❶ 3명씩 조를 짜서 역할을 나눈다.

❷ 두 사람이 마주 서서 오른손으로 자기편 왼 팔목을, 왼손으로 오른 팔목을 꽉 잡아 정(井)자 모양의 네모진 가마를 만든다.

❸ 그 위에 한 사람을 태운다.

❹ 두 개의 가마를 만들어 달려 목표물을 정해 돌아오게 한다.

❺ 이어 달리기를 되풀이하여 먼저 끝난 편이 이긴다.

❻ 말이 달릴 때 한 편에서는 "장가 간다"라고 외치면 다른 편에서는 "시집

간다"라고 답하여 흥을 돋우기도 한다.

● 기마전(騎馬戰)

❶ 잔디밭이나 모래밭에서 여러 명의 남자 아이들이 세 명이 말을 만들어 한 사람이 그 위에 타고 서로 싸워 상대의 말을 쓰러뜨리는 놀이다.

❷ 편을 나눈다.

❸ 3명으로 하는 경우에는 좌우에 한 사람씩 깍지를 껴서 말의 어깨에 얹으면 기수가 된 사람이 팔 사이로 발을 끼우고 탄다.

❹ 4명으로 하는 경우에 1명은 기수를 뒤에서 보호한다.

❺ 가마에 탄 사람끼리 싸워 탄 사람을 쓰러뜨리거나 기수가 쓴 모자를 빼앗은 수에 따라 승부를 결정한다.

❻ 가마를 만든 사람은 손으로 상대의 가마를 만든 사람을 잡으면 실격이 된다.

[표 2-1] 기마전

2. 고누놀이류

1) 개관

고누놀이는 땅바닥이나 사방 30cm쯤 되는 널판에 여러 가지 모양의 판을 그리고 돌·나뭇가지·풀잎 등을 말로 삼아 승부를 결정짓는 놀이를 말한다. 고누라는 말의 어원은 확실히 알기 어렵지만, 경기도에서는 고누·고니·꼬니, 전라도에서는 꼰·꼬누, 경상도에서는 꼰, 제주에서는 꼰짜라고 부르는 등 지역별로 조금씩 차이가 있으며 한자어로는 '지기(地碁)'라고 한다.

2) 놀이의 기원

고누놀이가 언제 시작되었는지 유래는 확실치 않으나 흙을 만져 가면서 실시하는 것으로 보아 오래전부터 평민층 놀이의 하나로 즐겼을 것으로 짐작된다. 고누놀이는 보다 더 복잡하고 짜임새 있는 장기나 바둑의 초기 형태로 생각해 볼 수 있다.

고누놀이를 하는 대상은 어린아이 때부터 시작하여 청소년, 어른, 노인들까지 모든 세대가 같이했던 놀이다. 현재는 도시에서는 거의 자취를 감추었고 농촌 지방에서만 일부 남자 아이들 사이에 두어지고 있다.

3) 놀이의 효과

고누를 하기 위해서는 고도의 집중력을 바탕으로 가는 길에 대해서 계획을 세워야 한다. 따라서 집중력을 향상시킬 수 있으며, 인지능력을 높일 수 있다..

4) 고누의 종류

고누의 종류와 이름은 각 지방에 따라 다르나 말판의 모양에 의하여 붙여진 이름은 강고누·줄고누·곤지고누·둘레고누·호박고누·밭고누이며 등이 있다.

　고누는 크게 두 가지로 나눌 수 있다. 하나는 우물고누·호박고누처럼 상대방의 말을 움직이지 못하게 가두어 이기는 것이고, 다른 하나는 줄고누·참고누처럼 일정한 조건을 만들어 상대방 말을 다 따내면 이기는 것이다.

5) 놀이 방법

❶ 우물고누

·강고누, 샘고누라고도 부르며 가장 일반화된 고누다.

·밭은 동그라미나 네모를 4분의 3쯤 그린 뒤, 대각선으로 빗금을 쳐서 다섯 개의 교차점을 빚어 만든다.

·말판에 우물이라는 장애물을 설정하고 말은 각각 2개를 가지고 둔다.

·검은 말부터 시작한다.

·말은 한 칸씩 이동할 수 있다.

·양편의 말은 선이 비어 있는 우물을 지나지 못한다.

·우물을 제외한 나머지 점에 말을 두어 가다가 어느 쪽이건 자기 말 2개를 가지고 상대방의 말을 움직이지 못하게 하면 이긴다.

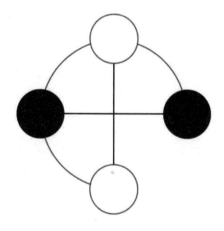

[그림 2-1] 우물고누

❷ 줄고누

·줄고누는 줄이 네줄이기 때문에 네줄고누, 사마(四馬)고누, 정자(井子)고누라고도 부른다.

·줄고누는 가로 4줄, 세로 4줄의 말판에 양편이 각각 말 4개 또는 6개를 직선으로 한 칸씩 두어 간다.

·상대방의 말 1점을 직선 상에서 말 2점으로 둘러싸서 따낸다. 그러나 이미 놓여 있는 말 사이로 상대방이 들어가면 따낼 수 없다.

·이와 같이 말을 두어 어느 편이든 먼저 상대의 말을 다 잡아내는 편이 이긴다.

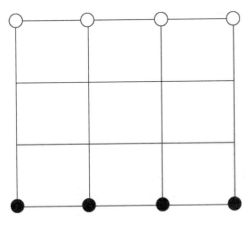

[그림 2-2] 줄고누

❸ 곤지(坤地)고누

·양편이 번갈아 가며 말 하나씩을 말판의 교차점에 놓아간다.

·이때 말 3개가 일직선 위에 나란히 놓이면 이것을 '곤지'가 됐다고 하고, 상대편의 말판 위에 놓인 말 중의 어느 것이나 하나를 따낸다.

·그 자리에 표시를 해두어 두 사람 다 말을 놓을 수 없게 된다.

·말을 다 두어 놓을 자리가 없으면 그 다음부터는 말판 위에 놓인 말들을 움

직여 '곤'을 만들고 상대편의 말을 떼어 낸다.

·어느 쪽이든지 말수가 3개 이하가 되면 '곤'을 만들 수 없으므로 지게 된다.

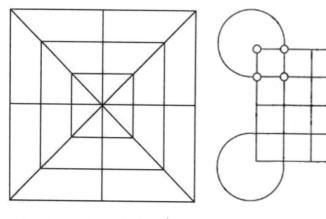

[그림 2-3] 곤지고누   [그림 2-4] 자동차고누

❹ 둘레고누

·둘레고누는 돌려고누, 자동차고누, 말고누라고도 부른다.

·가운데 줄은 4줄~6줄로 그릴 수 있다.

·4개씩의 말을 놓고 시작해서 말은 한 칸씩만 갈 수 있다.

·상대의 말을 잡을 때에는 반드시 바퀴 4개 중 한 곳을 돌아서 첫 번째 만나는 말을 잡을 수 있다.

·바퀴를 돌 때 말 앞에 가로막고 있는 말이 없어야 잡을 수 있다.

·돈 말은 한 칸씩 두지 않고 여러 칸을 갈 수 있다.

·상대의 말을 다 잡으면 이긴다.

❺ 호박고누

·사발고누라고도 부르며, 경상도에서는 돼지가 호박을 좋아한다고 하여 돼지고누라 부른다. 먼저 두는 사람이 매우 유리하다.

·두 편이 각각 3개나 4개의 말로 두어 간다.

·선을 따라 말이 한 칸씩 움직인다.

·자기 집에서 나온 말은 다시 돌아갈 수 없다.

·길이 막혀 움직일 수 없으면 지게 된다.

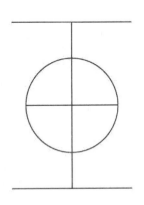

[그림 2-5] 호박고누

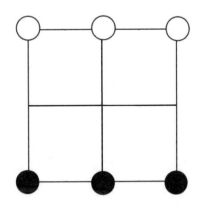

[그림 2-6] 밭고누

❻ 밭고누

·밭고누라는 이름은 밭이 전(田)자 꼴인 데에서 왔다.

·줄 수에 따라 밭고누, 네밭고누, 여섯밭고누라 부른다.

·각각 말 3개씩을 가지고 앞으로 좌우로 한 번에 한 밭씩 움직인다.

·움직일 수 있는 밭이 모두 아홉 곳이다.

·상대의 말이 갈 곳이 없도록 길을 막는 쪽이 이긴다.

3. 고무줄놀이

1) 개관

고무줄놀이는 주로 소녀들이 주로 겨울철에 즐기는 놀이로 가늘고 길다란 고무줄을 이용하는 놀이다. 고무줄의 길이는 3～4m 정도가 적당하며, 2～4명이 고무줄을 양쪽에서 잡고 다리에 고무줄을 걸고 여러 가지 노래에 맞추어 앞과 옆, 뒤로 뛰면서 놀이를 한다.

2) 놀이의 기원

우리나라에서 고무줄놀이가 보편화된 시기는 우리나라에 고무줄이 처음 들어오기 시작한 1910년대 후반으로 추정된다. 특히 광복 이후 고무 공업이 활성화되면서 고무줄놀이가 전국적으로 일반화된 것으로 본다.

3) 놀이의 효과

고무줄놀이를 통해 아이들은 신체적으로 근육 발달에 도움을 얻을 수 있고, 또한 여러 명이 어울려 편을 이룸으로써 협동정신을 키울 수 있다.

4) 고무줄놀이의 종류

❶ 한 줄 고무줄

· 한 줄로 하는 고무줄놀이는 낮은 곳에서 높은 곳까지 줄을 올려 얼마만큼의 높이까지 다리를 걸고 넘을 수 있느냐에 따라 승부가 결정된다.

· 처음에는 앉아서 무릎, 어깨, 머리의 높이에 맞추어 고무줄을 높여가며 놀이를 한다.

· 서서 허리, 겨드랑이, 어깨, 머리, 까치발로 서서 손을 높이 들고 고무줄을

높여가며 놀이를 한다.

· 고무줄을 뛰는 사람은 발을 벌려 줄을 걸친 후 노래에 따라 여러 가지 동작을 하면서 논다. 도중에 줄에 닿지 않으면 실격으로써 교대한다.

· 고무줄놀이를 하면서 부르는 노래는 여러 가지가 있는데 일반적으로 '금강산'을 부르면서 한다.

> 금강산 찾아가자. 일만 이천 봉 볼수록 아름답고 신비하구나.
> 철 따라 고운 옷 갈아입는 산 이름도 아름다운 금강이라네.
> 금강이라네.

· 먼저 땅바닥에 발을 찍고 오른발로 줄을 내린다.
· 왼발을 뒤로 가져가 고무줄을 건다. 이때 고무줄을 바지 부리에 걸리게 한다.
· 고무줄 건너 앞쪽으로 오른발을 두어 뒤꿈치에 고무줄이 걸리게 한다.
· 걸린 고무줄을 왼발 뒤쪽으로 찍고 몸을 돌려 고무줄이 풀어지게 한다.
· 이상이 없이 하면 몸을 반대 방향으로 돌면서 노래에 맞춰 뛴다.

❷ 두 발로 고무줄 넘기
· 높이 설정은 한 줄 고무줄과 같다.
· 한 줄에 양손으로 지면을 짚고 두 발로 고무줄을 뛰어넘는다.
· 물구나무서기의 동작으로 고무줄을 뛰어넘어서 먼저 끝까지 통과하면 이긴다.

3) 놀이 방법
❶ 2명이 놀 때는 한쪽 고무줄을 기둥이나 전봇대 같은 곳에 매어놓고 논다.
❷ 3명 이상이 할 경우에는 양쪽에서 사람이 고무줄을 밟거나 잡고 논다.

4. 공기놀이

1) 개관

공기놀이는 주로 아이들이 조그맣고 동글동글한 다섯 개의 작은 돌을 가지고 방바닥, 마루나 땅바닥에서 던져 올렸다가 다시 받으며 노는 놀이를 말한다. 공기놀이는 언제 어디서나 계절과 장소에 관계없이 행해지며, 전국에 퍼져 있는 보편적인 전통놀이다.

공기놀이는 지방에 따라 여러 가지 이름으로 불리는데, 경상북도에서는 '짜게받기', 경상남도에서는 '살구', 전라남도에서는 '닷짝걸이', 그밖에 '좌돌리기'·'조개질'·'좌질'이라고도 한다.

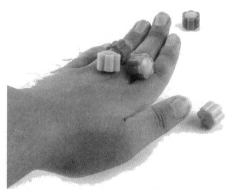

[그림 2-7] 공기놀이

2) 놀이의 효과

공기놀이는 다섯 개의 돌을 가지고 아이들이 둘러앉아 손바닥과 손등을 뒤집고 제기면서 놀기 때문에 체력의 소모가 적게 들고, 힘이 세고 약함에 관계없이 누구나 쉽게 즐길 수 있다.

공기놀이는 손을 많이 움직여서 두뇌 발달에 좋으며, 집중력을 높이는데 도움이 된다.

3) 놀이 방법

❶ 다섯 개 공기

· 손으로 줍기에 편하게 생긴 공깃돌을 다섯 개를 준비한다.

· 공깃돌 다섯 개를 손바닥에 쥔 다음, 이 돌들이 서로 붙지 않게 땅바닥에 흩어 놓는다.

· 한 찍기를 한다. 땅바닥에 있는 공기돌 중 하나를 집어 공중에 던져 올림과 동시에 땅바닥의 돌을 하나 집어 떨어지는 돌과 같이 받아 쥔다.

· 같은 방법으로 세 개의 돌도 하나씩 집는다.

· 옆에 있는 돌을 건드리거나 받지 못하면 실격이 된다.

· 두 찍기를 한다. 두 찍기는 먼저 다섯 개의 돌을 손바닥에 쥔 다음, 이 공깃돌이 서로 붙지 않게 하여 땅바닥에 흩어 두 개씩 모아지게 던진다.

· 땅바닥에 있는 공기돌 중 하나를 집어 공중에 던져 올림과 동시에 땅바닥의 돌을 두 개 집어 떨어지는 돌과 같이 받아 쥔다.

· 한번 더하여 두 개를 집는다.

· 세 찍기를 한다. 공깃돌 다섯 개를 바닥에 흩어 놓은 다음 그 중 하나를 골라 집어 공중으로 던져 올리면서 바닥에 있는 돌 세 개를 한꺼번에 집어 떨어지는 돌과 함께 받아 쥔다. 그런 다음 다시 손에 쥐고 있는 돌 하나를 공중으로 던져 올리면서 바닥에 있는 나머지 한 개의 돌을 집어서 떨어지는 돌과 같이 받아 쥔다.

· 네 찍기를 한다. 공깃돌 다섯 개를 바닥에 흩어 놓고 그 중 하나를 잡아 공중으로 올린 다음 땅바닥에 있는 나머지 네 개의 돌을 전부 쥐어 떨어지고 있는 돌과 같이 받는다.

· 고추장을 한다. 손바닥에 공깃돌 다섯 개를 모두 쥐고 그 중 하나를 잡아 공중으로 던져 올리고 집게손가락으로 고추장을 찍는 것처럼 바닥에 살짝 한번 찍은 다음 떨어지는 돌을 손바닥 안으로 받는다. 하나의 돌이라도 놓치면 실격이 된다.

· 싸라기를 한다. 공깃돌 다섯 개를 손바닥에 집어 들고 이를 공중으로 던져 올렸다가 손등에 올려놓은 다음 공깃돌을 다 다시 올려 낚아채어 받는다.

· 낚아채서 받을 때 돌이 하나라도 못 받으면 실격이 되어 상대방에게 차례가 넘어가게 된다.

❷ 많이 공기

· 100개 이상의 공깃돌을 땅 위에 놓고 돌 혹은 여럿이 편을 나눈다.

· 가위·바위·보를 하여 이긴 쪽부터 한 알을 떼어 그것을 공중에 던져 올린 뒤 두 알부터 다섯 알까지 마음대로 집어 받아낸다.

· 다른 공깃돌을 건드리거나 돌을 받지 못하면 실격이다.

· 바닥에 있는 공깃돌이 없어질 때까지 하고, 많은 공깃돌을 모은 편이 이기게 된다.

5. 공치기

1) 개관

공치기는 주먹 크기의 고무공을 가지고 맨손이나 나무 막대로 공을 치고받고 던지는 놀이를 말한다. 공치기는 타구(打毬)놀이 또는 봉희(棒戱)라고도 부른다.

공치기는 주로 남자 아이들이 빈터에서 즐기던 놀이로 요즈음의 야구나 T볼과 비슷하다. 공이 없던 옛날에는 털실이나 새끼줄을 칭칭 감아 동그랗게 만들어 놀기도 하였다. 공치기에서 사용하는 공은 소프트볼이나 부드러운 공을 사용한다.

2) 놀이 방법

❶ 나무 막대로 공치기

· 나무 막대로 공치기를 딱때기, 딱공치기라고도 한다.

· 보통 7~10명씩 편을 갈라 놀이를 하고 돌로 1·2·3루를 만든다.

· 투수가 던지는 공을 타자가 막대로 쳐 각루로 갈 수 있고 홈까지 오면 1점을 얻게 된다.

· 공격자가 루에 가기 전에 수비가 홈에 공을 넣거나 공으로 터치하면 공격자는 죽는다.

· 공격한 공을 수비가 받으면 죽게 되고 3명이 죽으면 공수가 교대된다.

· 처음 정한 점수를 먼저 얻으면 이기게 된다.

· 공을 멀리 보내 일주를 하게 되면(지금의 홈런) 죽었던 사람이 살릴 수 있어 2점 일주를 하게 되면 두 명을 살릴 수 있다.

❷ 주먹으로 공치기

· '때스공'이라고도 부른다.

· 나무 대신에 주먹으로 공을 치는 놀이를 말한다.

· 주로 인원이 적을 때 소소의 아이들이 투수없이 직접 타자가 공을 치고 1·2·3루를 도는 놀이다.

· 나머지 아이들은 수비를 한다.

· 타자가 루로 진입한 경우에는 수비를 하던 아이 중 순서대로 타자가 되어 경기를 진행한다.

· 인원이 많을 때는 경기 방법을 나무 막대로 공치기와 동일하게 진행할 수 있다.

[그림 2-8] 공치기

6. 구슬치기

1) 개관

구슬치기는 구슬을 땅에 놓고 좀 떨어진 곳에서 다른 구슬로 맞혀서 따먹는 아이들의 놀이를 말한다. 구슬을 맞히기 위해 상대방의 구슬을 향해 서서 던지거나, 손가락을 튕겨서 상대방 구슬을 맞추는 놀이다. 팀을 짜서 할 수도 있고, 개인끼리 할 수도 있다.

구슬놀이는 남자아이들이 주로 겨울철에 양지 바른 빈터에서 별다른 도구 없이 구슬만 있으면 놀 수 있는 놀이다.

2) 놀이의 기원

구슬놀이는 유리가 들어온 일제 강점기부터 시작되었으며, 유리 공업이 발달한 해방 이후부터 본격적으로 보급되었다. 구슬의 재료는 유리 외에도 쇠로 만든 구슬도 사용하였다. 구슬치기는 아이들의 눈과 손의 협응력을 기르고 소근육 발달에 효과적이며, 집단이나 개인이 어울리기 때문에 사회성 발달에 좋은 효과를 얻을 수 있다.

3) 놀이 방법

❶ 따먹기

· 출발선을 긋고 3m 간격에 구멍을 파놓는다.
· 출발선에서 각자 구멍으로 던져 순서를 정한다.
· 구멍에 들어가면 1순위가 되고 그 다음은 구멍에 가까운 순으로 한다.
· 먼저 1순위가 구슬을 멀리 던진다.
· 다음 사람은 그 구슬을 따먹으려 맞힌다.

· 맞히거나 한 뼘 안에 있는 구슬은 그냥 먹는다.

· 한 뼘 밖에 있는 구슬은 구슬이 있는 지점에서 왼손으로 한 뼘을 재고 왼손의 새끼손가락과 구슬을 잡은 오른손의 새끼손가락으로 걸고 구슬을 퉁겨 상대의 구슬을 맞혀 따먹는다.

❷ 승부 겨루기

· 대략 4~5명이 놀이를 한다.

· 맨땅에 3m 간격으로 깊이 3~5㎝, 지름 10㎝정도의 작은 홈을 네 개 만든다.

· 가위·바위·보로 순서를 정하고 [그림 2-9]와 같은 순서로 오가며 홈에 구슬을 던진다.

· 이때 던진 구슬이 홈에 들어가지 않으면 다음 아이의 차례가 된다.

· 홈에 구슬을 던져 넣은 다음에 주위에 다른 아이의 구슬이 있으면 손으로 퉁겨 죽일 수도 있다.

· 이때 죽은 사람은 처음부터 다시 시작한다.

· 맞힌 사람은 그 다음의 홈에 넣은 것으로 해준다.

· 죽지 않고 차례로 세 방향의 홈에 구슬을 던져 넣어 먼저 집으로 돌아오는 아이가 이기게 된다.

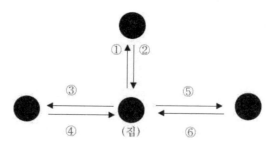

[그림 2-9] 구슬치기의 놀이판

7. 그림자놀이

1) 개관

그림자놀이는 그림자의 특성을 이용하여 촛불이나 등잔불 아래에서 하는 놀이를 말한다. 60년대 초반까지 농촌에는 기름불이나 촛불로 밤을 밝혀왔기에 가족이 둘러앉아 손을 이용하여 불빛에 비쳐 벽이나 문에 그림자가 생기게 하는 그림자놀이를 하였다.

그림자놀이는 재료가 필요 없고 불빛과 비칠 장소만 있으면 언제든지 할 수 있는 놀이로 널리 퍼진 놀이다. 그림자는 한 손 또는 두 손으로 다양한 모양을 만들기도 하며 때로는 종이나 나무막대기를 이용하여 재미있는 그림자를 만들면서 놀았다.

2) 놀이의 기원

놀이의 기원은 정확히 언제부터인지는 모르지만 촛불이나 등잔불을 사용하기 시작했을 때부터 하게 된 것으로 본다. 우리나라에서는 현재 거의 자취를 감추었으나, 음력 사월 초파일에 행해지는 전통 그림자극인 만석중놀이나 전북 김제시의 그림자놀이와 같이 전통놀이로 발전하였다.

그림자놀이는 우리나라 만이 아니라 중국을 비롯한 아시아 여러 나라에서는 손가락 예술(finger art)이라 해서 전문적인 수련을 쌓은 예능인에 의하여 상당한 예술적 수준을 보여주고 있다.

인도네시아에서는 와양 쿨릿이라는 염소 가죽으로 만든 판에 색색을 칠해서 빛을 투과시키는 그림자 연극을 공연하고 있다.

5) 놀이 방법

❶ 불빛에 비쳐 벽이나 문에 한 손 또는 두 손으로 그림자를 만든다.

❷ 염소·개·비둘기·늑대·곰·낙타·양·여우·토끼·개 등 여러 가지 모양을 만들어 그림자를 만든다.

❸ 그림자의 모양을 보고 동물의 이름 알아 맞추기도 한다.

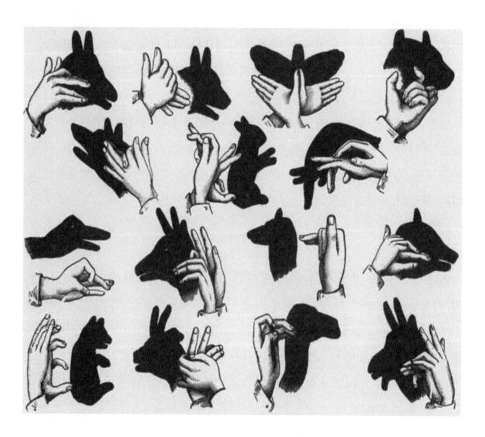

[그림 2-10] 그림자

8. 글씨 찾기

1) 개관

글씨 찾기는 실외에서 하는 놀이와 실내에서 하는 놀이가 있다. 실외에서 하는 놀이는 여름철 나무 그늘 아래서 아이들은 땅바닥에 글씨를 새기고 흙으로 덮은 후 글씨를 찾는 놀이를 말한다.

실내에서 하는 놀이는 실내에서 책을 가지고 글씨를 찾는 놀이다. 책을 가지고 하는 글씨 찾기 놀이는 한참 글씨를 배우는 아이들 사이에서 많이 이루어진다.

2) 놀이 방법

❶ 글자 파서 알아 맞추기

· 글자가 잘 쓰여질 수 있는 땅에서 한다.

· 가위·바위·보로 이긴 사람이 먼저 상대가 보이지 않게 뒤로 돌아서 땅바닥에 나무 막대나 못을 이용하여 자기가 쓰고 싶은 글자를 새긴다.

· 모래로 글자를 덮어놓고 두들기거나 발로 밟아서 다지기도 한다.

· 상대방은 모래를 헤쳐 가면서 글자를 알아맞히게 된다.

· 알아맞히면 교대를 하고 알아맞히지 못하면 두 번이나 세 번이든 다시 하게 된다.

· 정한 규칙에 따라 벌칙을 내리기도 한다.

❷ 책에서 글자 찾기

· 실내에서 책에서 글자 찾기를 한다.

· 서당에 다니는 학동들 사이에서 즐겨 했던 놀이다.

· 책에서 글자 찾기 놀이는 최소 2명이 하며, 여러 명이 놀이를 같이할 수

있다.

· 순서를 정하여 한 사람이 책을 보면서 글자를 골라 말하면 여러 사람이 함께 찾는다.

· 찾으면 다음 사람이 같은 방법으로 실시하고 찾지 못할 경우는 글자를 알려 주기도 한다.

· 정한 규칙에 따라 벌칙을 내리기도 한다.

· 이 놀이는 근래에 아이들이 즐겨 하는 '지도에서 지명 찾기', '숨은 그림 찾기'와 유사한 놀이다.

[그림 2-11] 글자 찾기

9. 꼬리 따기

1) 개관

꼬리 따기는 넓은 운동장이나 공터에서 상대방의 꼬리를 따는 놀이다. 한 사람이 술래가 되고 다른 사람은 일렬로 늘어서서 앞사람의 허리를 잡고 늘어서면 술래가 꼬리를 떼어 내는 놀이를 말한다.

지역에 따라 닭살이, 쥔쥐새끼 놀이, 족제비놀이, 매지따는 놀이, 청애따기, 동애따기(童瓜-), 계포(鷄捕), 백족유(百足遊), 허리잡기, 수박 따기, 호박따기, 기러기놀이라고도 한다.

[그림 2-12] 꼬리따기

2) 놀이의 종류

꼬리따기 놀이가 각 지역별로 행해진 유형을 세 가지로 나누어볼 수 있다.

❶ 술래가 꼬리따기

여러 아이들이 앞사람의 허리를 두 팔로 껴안고 허리를 굽히고 있을 때, 술레가 주변을 빙빙 돌면서 맨 끝에 있는 아이를 떼려 하고, 이에 맞서 선두에 있는 아이가 두 팔을 벌려 이를 방어하는 놀이다.

❷ 쥔쥐새끼놀이

앞 사람의 허리를 껴안고 구부린 채 일렬로 늘어선 놀이 대열에서 맨 앞 사람이 맨 끝 아이를 잡아떼어 내는 형식이다. 이는 강강술래의 부수적인 놀이로 행해지기 때문에 노래가 따르고, 또 잡는 사람의 노고를 치하하기 위해 목마를 태워 노래 부르고 돌아다닌다.

❸ 패로 나누어 꼬리따기

아이들이 두 패로 나뉘어서 한 쪽의 선두 아이가 상대 패 대열의 맨 끝 사람을 잡는 형식이다.

3) 놀이 방법

❶ 술래가 꼬리따기

· 대개 10~20명이 놀이를 한다.

· 가위·바위·보를 하여 처음 이긴 아이가 머리가 되고 순서에 따라 앞사람의 허리를 잡는다.

· 끝까지 진 아이가 술래가 된다.

· 술래는 시작과 동시에 꼬리를 잡기 위하여 이리저리 뛴다.

· 머리가 된 아이는 재빠르게 팔을 벌려 술래가 자기 뒤에 있는 사람을 따내지 못하게 양팔을 벌리고 술래를 따라 다니며 막는다.

· 늘어선 아이들은 이리저리 피해 움직이는데 이때 줄이 끊어지면 허리를 놓친 아이가 술래가 되고, 술래가 그 자리로 들어간다.

· 술래가 맨 나중의 아이를 붙잡고 힘껏 당기면 한 사람이 떨어지기도 하고

술래가 힘이 세면 많은 아이들이 떨어지는 수도 있다. 많은 아이들을 떨어뜨린 술래는 머리가 되고 먼저 번의 머리는 두 번째 자리에 선다.

· 만약 떨어지는 수가 많을 경우에는 떨어진 사람끼리 가위·바위·보를 하여 술래를 정하고 계속하여 놀이를 한다.

· 꼬리따기 놀이는 주로 아이들이 즐겨한 놀이로 다음과 같이 노래를 부르며 놀이를 한다.

돌아간다. 돌아간다. 둥실둥실 돌아간다. 청룡 황룡 구비를 치고 잘 돌아간다. 돌아간다. 청룡 황룡 구비를 친다. 잘 돌아라. 잘 돌아라. 돌아간다. 돌아간다. 둥실 둥실 호박 있다. 둥실둥실 호박이야. 꼬리를 쳐서 잘 돌아라. 꼬리를 갈미리(감추어) 잘 돌아라. 둥실 둥실 호박 있다.

---

❷ 패로 나누어 꼬리따기

· 대개 20~40명이 놀이를 한다.

· 반씩 편을 가른다.

· 가위·바위·보를 하여 처음 이긴 아이가 머리가 되고 순서에 따라 앞사람의 허리를 잡는다.

· 두 패로 나뉘어 머리는 서로의 꼬리를 잡기 위하여 이리저리 뛴다.

· 머리가 된 아이는 재빠르게 팔을 벌려 상대편 머리의 앞을 막으며 방해한다.

· 늘어선 아이들은 이리저리 피해 움직이는데 이때 줄이 끊어지면 허리를 놓친 아이는 나온다.

· 일정한 시간이 지나서 가장 많이 남은 편이 이기거나, 머리가 상대편 꼬리를 잡으면 이긴다.

10. 남대문놀이

1) 개관

남대문놀이는 두 아이가 마주 서서 손으로 문의 형태를 만들고 아이들이 그곳을 드나들며 노는 놀이다. 아이들이 서울에 가고 싶은 심정에서 서울의 상징인 국보 제1호인 남대문(南大門)을 그리며, 두 사람이 손을 마주 잡고 문답형식으로 노래를 부르면서 노는 놀이다.

2) 놀이의 기원

남대문놀이는 성문을 지키는 수비군들처럼 문을 지키는 놀이라고 하여 붙인 것으로 조선 중기부터 전하여오는 놀이라는 것을 알 수 있게 한다. 남대문놀이는 주로 열 살 안팎의 아이들 사이에서 성행했다.

3) 놀이 방법

❶ 아이들이 10명 정도 같이 한다.

❷ 두 아이가 남대문이 되어 두 손을 마주 잡고 들어 아치형 문을 만든다.

❸ 놀이가 시작되면 나머지 아이들은 열을 짓고 노래를 부르면서 마치 기차가 가는 것처럼 마당을 빙빙 돌다가 남대문으로 들어간다.

❹ 남대문을 만든 아이가 "좋구나 좋구나"하면서 나머지 아이들의 등을 툭툭 친다.

❺ 그 중에서 한 아이를 깍지 낀 팔로 가두고 "너 뭐 먹고 살았니?"하고 묻는다.

❻ 가두어진 아이가 "밥 먹고 살았지"하면 나가지 못하게 하고 "젖 먹고 살았지"하면 내보낸다.

❼ 이것을 반복하며 놀이를 한다.

11. 눈싸움

1) 개관

눈싸움은 두 사람이 마주 앉아 눈을 서로 크게 부릅뜨고 바라보다가 먼저 깜빡거리는 사람이 지는 놀이다. 아이들 사이에서 이루어지고 주로 남자 아이들이 즐겨 하였으며, 한자어로 '안쟁(眼爭)'이라도 한다.

지는 사람에게는 미리 약정한 대로의 벌을 받거나, 손바닥을 한 대 때리거나, 꿀밤을 주기도 한다.

2) 놀이 방법

❶ 2명이 마주 본다.

❷ 한 사람이 '시작'이라 하면 동시에 눈을 크게 뜨고 깜빡이지 않는다.

❸ 먼저 깜빡거리는 사람이 지게 된다.

❹ 눈싸움을 할 때 상대방을 방해하면 지게 된다.

❺ 너무 오랫동안 버티어서 눈물이 나면 합의해서 서로 비기기도 한다.

❻ 지는 사람에게는 미리 약속한 대로 벌칙을 받는다.

12. 다리 세기

1) 개관

다리 세기는 남녀 아이들이 두 줄로 마주 앉아 서로 다리를 엇갈리게 뻗고 다리를 세어가면서 노는 것을 말한다. 다리 세기는 주로 추운 겨울철에 방안에서 많이 하는 놀이로, 발헤기, 다리 셈놀이라고도 한다. 제일 늦게까지 다리가 남는 사람을 도둑이라 부르기 때문에 '도둑놈놀이'라고도 한다.

2) 놀이의 효과

다리 세기는 노래를 부르다 마지막에 선택된 발이 벌칙을 받게 되기 때문에 수학적인 계산능력이 높아지며, 순간적으로 다리를 오므려야 하기 때문에 순발력이 길러진다.

3) 놀이 방법

❶ 4～6명의 아이들이 서로 마주 앉아 서로 다리를 엇갈리게 뻗는다.
❷ 노래에 맞추어 손바닥으로 한 번씩 짚으면서 세어간다.
노래를 부르며 장단에 맞추어 다리 세기를 하는데, 지방에 따라 다르다.

> 이거리 저거리 각거리 인사 만사 주머니끈
> 똘똘 말아 장두칼 제비줄에 허리빠 요땡
> 한거리 두거리 세거리 인사만사 주머니끈
> 똘똘 말아 장두칼 애영지로 허리띠 귀비 낮짝 둥지 땡
> 콩하나 팥하나 양지 쫑지 그렇고 넙죽 사이
> 올랑 쫄랑 막대 진대 고향 감축 불무 때꿍

❸ 노래 중에 나오는 "땡", "꿍"이 나오면 해당하는 다리를 오므린다.

❹ 또 노래를 부르며 몇 번이고 거듭하는 사이에 두 다리를 먼저 오므린 사람이 이기게 된다. 그 사람을 '장수 또는 순경'이라 하고 두 번째 오므린 사람을 '닭'이라 하고 그 다음을 '개'라 한다.

❺ 마지막으로 다리가 남게 된 사람을 '도둑'이라 하여 도둑이 된 아이에게는 미리 정한 벌칙을 받는다.

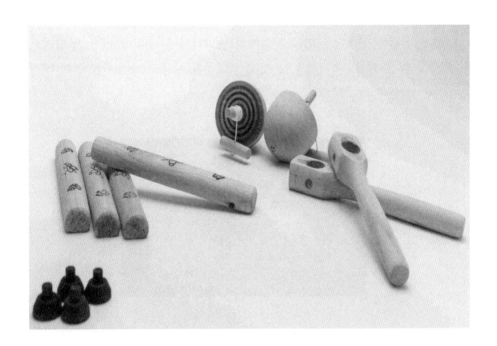

13. 닭싸움

1) 개관

닭싸움은 한쪽 발을 위로 올려 앞으로 꺾어 손으로 잡고 상대와 몸과 무릎을 맞부딪쳐 서로 쓰러뜨리는 놀이다. 닭싸움이라고 불리게 된 것은 다리를 위로 올린 자세가 닭이 서 있는 것 같이 불안하다고 해서 닭싸움이라고 한다. 닭싸움은 무릎끼리 부딪친다고 무릎싸움, 한 발을 들고 외발로 서 있다고 해서 깨금발싸움·외발싸움이라고도 한다.

닭싸움 방법은 상대방을 다리로 위에서 내리찍거나, 위로 올리거나, 달려오는 탄력을 이용하기도 하는데 이때 먼저 넘어지거나 잡고 있던 팔을 풀어 버리면 지게 된다.

[그림 2-13] 닭싸움

2) 놀이의 기원

닭싸움은 아주 오랜 옛날부터 해왔던 놀이로 정확하게 언제 만들어졌는지는 알지 못한다. 그러나 선조들이 힘을 기르는 운동의 일환으로 한 발로 오래 서기와 닭싸움 놀이를 생각해 냈다고 여겨진다. 실제로 닭싸움은 모래사장이나 잔디밭에서 별다른 도구 없이 힘을 자랑하는 놀이로 성행하였다.

3) 놀이의 효과

놀이 방법이 간단하고 아무런 준비물이 필요하지 않기 때문에 여유가 생기면 남녀노소가 즐겨 하던 놀이다. 닭싸움은 근력(筋力)과 균형성(均衡性)을 기르는데 도움이 된다.

4) 놀이의 종류

❶ 쓰러뜨리기
· 두 사람 또는 그 이상의 사람이 편을 나눈다.
· 각자가 두 손으로 한쪽의 발꿈치나 발목, 바지 자락을 움켜쥔다.
· 놀이가 시작되면 다른 한 발로 서서 무릎이나 몸으로 상대방을 쓰러뜨린다.
· 붙잡은 손을 놓치거나 손으로 밀어서도 안되며, 힘이 든다고 발을 바꾸어서도 안 된다.
· 먼저 넘어지거나 잡고 있던 팔을 풀어 버리면 지게 된다.

❷ 밀어내기
· 원을 그린다.
· 두 사람 또는 그 이상의 사람이 편을 나눈다.
· 각자가 두 손으로 한쪽의 발꿈치나 발목, 바지 자락을 움켜쥔다.
· 상대방을 원 밖으로 밀어내어 승부를 가리게 되는데 밀어낸 사람이 이기게 된다.

14. 땅뺏기

1) 개관

땅뺏기는 2~4명의 아이들이 땅 위에 원이나 네모를 그려 놓고 각기 한 모퉁이를 자기 집으로 정한 후 자기 땅을 넓혀 가면서 많이 차지하는 사람이 이기는 놀이를 말한다.

땅뺏기는 봄철 양지 바른 곳이나 여름철에 시원한 그늘 밑 땅 위에서 하는 놀이다. 땅뺏기는 각 지방에 따라 땅따먹기, 땅재먹기. 꼭또락치기(전라북도), 땅뺏기 놀이라고 한다.

2) 놀이의 기원

옛날에는 농경사회였기 때문에 농사에 종사하는 사람이 대부분이었다. 따라서 농사를 짓기 위해 땅이 필요했고, 토지에 대하여 귀중하게 생각하였다. 따라서 땅뺏기 놀이는 실제로는 갖지 못한 땅을 갖고 싶어하는 마음이 놀이로 구현된 것으로 보인다.

3) 놀이의 효과

땅뺏기 놀이를 통해서 아이들은 흙과의 친화력과 토지에 대한 소유 개념을 배우게 된다. 여기에서 흙이란 곧 조국이란 말과도 뜻을 같이 하는 것이다.

4) 놀이 방법

❶ 돌로 튕겨 먹기

· 2~4명의 아이들이 모여서 한다.

· 놀이에 참가한 사람 수에 맞게 적당한 크기의 원 혹은 네모를 그린다. 다음

에는 엄지손가락을 선에 대고 반원을 그려 자기 집을 정한다.

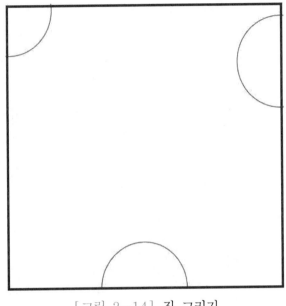

[그림 2-14] 집 그리기

· 가위·바위·보로 순서를 결정한다.
· 직경 3㎝정도의 납작한 돌로 만든 망을 자기 집에 놓는다.
· 이긴 순서대로 첫 번째 사람은 먼저 집게손가락 손톱으로 망을 세 번을 튕겨 자기 집에 들어오게 한다.
· 망이 간 길을 따라 선을 그어 안쪽의 땅을 차지하게 된다.
· 땅을 점령하다가 자기 집에서 가까운 선과 한 뼘 거리가 되면 덤으로 차지할 수가 있다.
· 자기 집으로 들어오지 못하거나 밖으로 나가거나 선에 망이 물리면 실격이 되어 공격권이 상대에게 넘어간다.
· 이러한 방법으로 많은 땅을 차지하는 사람이 이기게 된다.

❷ 뼘으로 재먹기
· 2~4명의 아이들이 모여서 한다.
· 가위·바위·보로 순서를 정한다.
· 가위·바위·보로 이긴 사람은 가장 먼저 자기 집의 바깥 선에 왼손 엄지손가락을 대고 밖으로 가장 긴 장지로 반원을 그리며 선을 그어 그 선 안의 땅을 차지하게 된다.
· 계속 가위·바위·보를 해서, 이긴 사람은 차지한 땅의 바깥 선에 다시 엄지손가락을 대고 밖으로 가장 긴 장지로 반원을 그리며 자신의 땅의 면적을 넓혀 간다.
· 나중에 땅을 가장 넓게 차지한 사람이 이기게 된다.

❸ 구멍에 넣어 땅재먹기
· 2~4명의 아이들이 모여서 한다.
· 먼저 노는 사람 수에 맞게 적당한 크기로 원 혹은 네모를 그린다.
· 중앙에 동전 크기의 구멍을 파고 각기 자기 집을 마련한다.
· 가위·바위·보로 순서를 정한다.
· 순서대로 구멍을 향해 망을 손가락으로 튀긴다.
· 망이 구멍에 가장 가까이 접근한 사람만 자기 집에서 원하는 방향으로 한 뼘을 차지한다. 이때 구멍을 향해 집을 그리면 훨씬 유리하다.
· 놀이를 계속하다 보면 어느 한 사람이 중앙의 구멍을 자기 집으로 확보하게 된다.
· 구멍을 확보한 사람은 망을 튀길 필요도 없이 순서에 상관없이 한 뼘씩 땅을 차지한다. 따라서 구멍을 자기 집으로 확보한 사람은 무조건 이기게 된다.
· 나중에 땅을 가장 넓게 차지한 사람이 이기게 된다.

❹ 집 들어가기와 맞추기

· 2~4명의 아이들이 모여서 한다.

· 먼저 노는 사람 수에 맞게 적당한 크기의 원 혹은 네모를 그린다.

· 서로 일정한 간격을 두고 자기 집을 그린다.

· 가위·바위·보로 순서를 정한다.

· 순서대로 상대의 집에 들어가게 망을 손가락으로 튀긴다.

· 상대의 집안에 망이 한 번에 들어가면 3뼘, 두 번에 들어가면 2뼘, 세 번에 들어가면 1뼘을 자기 집 바깥쪽에서 원하는 방향으로 집을 넓혀 나간다.

· 망이 상대의 집에 들어가지 못하면 집을 넓히지 못한다.

· 더 이상 차지할 땅이 없으면 땅에 경계선을 긋고 상대가 차지한 집을 빼앗는다.

· 차례는 땅을 많이 차지한 사람 순서로 정해진다.

· 땅을 적게 차지한 사람은 자신의 땅 안에서 가장 안쪽에 망을 놓는다.

· 공격자가 자기 영역의 경계선에서 손으로 망을 튀겨서 땅을 적게 차지한 사람의 망을 맞힌다.

· 상대의 망을 맞히면 상대 영역을 자신의 뼘으로 1뼘씩 재어 차지하며, 망을 맞히지 못하면 순서가 바뀐다.

· 상대방 집 가까운 곳으로 땅을 확보해야 나중에 서로 차지한 땅을 빼앗을 때 유리하다.

· 상대가 차지했던 땅을 모두 빼앗으면 놀이가 끝난다.

❺ 뱀모양 따라가기

· 2~4명의 아이들이 모여서 한다.

· 뱀모양 따라가기는 땅을 많이 차지하기를 겨루는 것이 아니라 망을 튀기며 목적지를 돌아오는 놀이다.

· 먼저 놀이판을 뱀처럼 구불구불하게 망이 갈 수 있도록 출발지와 목적지를

그린다. 놀이판을 구불구불하게 만드는 이유는 망을 튀기면서 목적지를 돌아오기 어렵게 하기 위해서 구불구불하게 그린다.

· 곡선이 심한 곳에서는 놀이 도중 망이 쉴 수 있는 쉼터를 만들어 놓는다. 그리고 재미를 위해서 함정을 만들어 망이 함정에 들어가면 출발지로 다시 돌아가게 한다.

· 가위·바위·보로 순서를 정한다.

· 출발선에서 정한 순서에 따라 한 명씩 차례로 망을 튀기면서 출발지에서 목적지를 향해서 앞으로 나아간다.

· 한 번씩만 튀긴다.

· 튀겨서 망이 그려 놓은 선 밖으로 나가면 다시 출발점으로 돌아와 차례가 되면 시작해야 한다.

· 목적지를 가는 도중에 자기의 망으로 상대방의 망을 맞혀 선 밖으로 밀어내어 죽게 할 수도 있다. 죽은 사람은 다시 출발점으로 돌아와서 새로 시작해야 한다.

· 목적지로 가다가 망을 쉼터에 들어가게 하면 마음대로 쉴 수 있고, 상대방의 망에 쫓겨 자기의 망이 밀려날 위험도 없다. 따라서 목표를 향해 안전하게 가기 위해 가끔 쉼터에 들어가 쉬기도 한다.

· 반환점의 함정에 빠지면 처음부터 다시 해야 한다. 따라서 마지막까지 정신을 차리고 해야 한다.

15. 딱지치기

1) 개관

딱지치기는 종이로 접어 딱지를 만들어, 다른 딱지로 쳐서 딱지를 뒤집거나, 딱지를 구역 밖으로 밀어내는 등 여러 가지 방법으로 따먹기를 하는 놀이를 말한다.

딱지치기는 때기치기 또는 표치기라고도 한다. 딱지치기는 주로 겨울철에 양지 바른 곳에서 남자 아이들 사이에 많이 실시하였다.

[그림 2-15] 종이 딱지   [그림 2-16] 그림 딱지

2) 놀이의 기원

딱지치기는 종이로 만들어야 하기 때문에 종이가 우리나라에 들어오기 시작한 일제 강점기부터 등장한 것으로 예측하고 있다. 해방 전에는 종이가 귀해 접어서 만들지 않고 두꺼운 종이를 오려서 딱지를 만들어 놀기도 하였다.

 전통놀이 지도의 이론과 실제 **79**

요즘에는 가게에서 파는 그림 딱지를 사용하는데 원형 또는 네모꼴이며 그림 외에 별·숫자·글씨도 넣어 다양한 방법으로 딱지치기를 할 수 있다.

3) 놀이의 효과

딱지치기는 손의 힘과 바람의 힘을 이용하는 것이기 때문에 체력을 기를 수 있으며, 과학적인 기초를 익히게 된다. 종이 딱지에서는 숫자나, 크기 등을 이용하므로 판단력과 문제해결력을 기를 수 있다.

4) 놀이 방법

❶ 넘겨 먹기
· 가위·바위·보로 순서를 정한다.
· 진 사람이 딱지를 땅에 놓으면 이긴 사람이 딱지를 자신의 발 안쪽에 갖다 대고 딱지를 든 손을 높이 들어 힘껏 내려친다.
· 내려칠 때 상대방의 딱지가 뒤집히면 따먹게 되고 뒤집히지 않으면 상대방이 내려치게 된다.

❷ 편을 나누어 놀기
· 두 팀으로 나눈다.
· 지름이 80㎝정도의 원을 그려 놓고 원의 둘레에 선다.
· 적당한 크기로 1인당 5개 정도의 딱지를 사용한다.
· 가위·바위·보로 순서를 정한다.
· 진 편에서 먼저 1명이 원 안에 자기의 딱지를 놓는다.
· 반대편의 한 사람이 딱지를 땅바닥에 닿게 하면서 상대편의 딱지를 겨냥하여 친다.
· 뒤집힌 딱지와 원 밖으로 나간 딱지는 상대편에게 빼앗긴다.
· 이러한 방법으로 서로 교대로 공격을 실시한다.

· 일정한 시간이 지나면 같은 편의 딱지 숫자의 합으로 소유하고 있는 편이 이기게 된다.

❸ 불어먹기
· 두 팀으로 나눈다.
· 책상 위나 평평한 바닥에 직경 한 뼘 정도의 원을 그리고 각각의 딱지를 원 안에 넣는다.
· 가위·바위·보로 순서를 정한다.
· 진 편에서 먼저 1명이 원 안에 자기의 딱지를 놓는다.
· 이긴 편에서 바람을 불어서 딱지를 뒤집어지거나 원 밖으로 나가게 되면 따먹게 된다.
· 바람은 한 번씩 부는데 딱지를 따먹게 되면 한 번 더 기회가 주어진다.

❹ 별 많이 별 낮이·글 많이 글 낮이·번호 높낮이·사람 수 따먹기
· 2명 이상이 그림 딱지로 한다.
· 가위·바위·보로 순서를 정한다.
· 그림 딱지를 놀이에 참여하는 모든 사람이 10장씩 내서 가운데 뒤집어 놓는다.
· 순서대로 첫 번째 아이는 별 많이 별 낮이·글 많이 글 낮이·번호 높낮이·사람 수 중에서 한 가지를 선택한다.
· 그림 딱지 중에서 별, 글, 번호, 사람이 나타난 것을 가지고 구별한다.
· 별 많이는 딱지의 그림에 나와 있는 별 수가 많은 아이가 먹는다.
· 별 낮이는 딱지의 그림에 나와 있는 별 수가 적은 아이가 먹는다.
· 글 많이는 딱지의 그림에 나와 있는 글 수가 많은 아이가 먹는다.
· 번호 높이는 딱지의 그림에 나와 있는 번호가 높은 아이가 먹는다.
· 번호 낮이는 딱지의 그림에 나와 있는 번호가 낮은 아이가 먹는다.

· 사람 수 따먹기는 먼저 사람의 수의 많고 적음에 따라 딱지의 그림에 나와 있는 사람의 수에 따라 많고 적은 아이가 먹는다.

❺ 전쟁놀이
· 그림 딱지 중에서 전쟁에 관련된 그림을 가지고 구별한다.
· 태극기·물·불·하늘·로봇·대포·총·칼·사람·동물 순으로 서열을 매긴 그림으로 승부를 짓는다.
· 선이 사람 수대로 딱지를 엎어놓고, 상대방은 자신이 가고 싶은 딱지 앞에 10장의 딱지를 낸다.
· 선은 엎어 놓은 딱지를 뒤집는다.
· 뒤 짚은 딱지 중에서 미리 정한 순서대로 가장 높은 딱지에 걸은 사람이 나머지 딱지를 먹는다.

❻ 침 발라 먹기
· 각기 한 장씩 바닥에 놓고 가위·바위·보로 순서를 정한다.
· 일등은 침을 바른 집게손가락에 한 장을 붙여서 위로 들었다가 떨어뜨린다.
· 딱지가 뒤집히면 먹고, 실패하면 차례를 넘긴다.

❼ 날려 먹기
· 기준선을 그린다.
· 10여 명이 기준선에 서서 딱지를 약손가락과 새끼손가락으로 집어 날린다.
· 딱지를 가장 멀리 날려 보낸 사람이 모두 먹는다.

❽ 붙여 먹기
· 딱지를 담이나 벽에서 떨어뜨려 먹는 방법이다.
· 가위·바위·보로 순서를 정한다.

· 꼴찌부터 거꾸로 벽이나 담에 그은 금에 대고 밑으로 떨어뜨린다.

· 자신의 딱지가 남의 딱지 위에 올라가서 떨어지면 상대방의 딱지를 먹는다.

· 금방 끝나기도 하지만, 열 번 이상 거듭되기도 한다.

· 운이 좋으면 한꺼번에 수십 장을 먹기도 한다.

❾ 찍어 먹기

· 지름 40~50㎝의 동그라미를 그린다.

· 원 안에 서로 같은 양의 딱지를 모아 놓는다. 딱지는 인원이 많으면 각기 3~5장, 적으면 10~20장 놓는다.

· 놓인 딱지를 2~3m 떨어져서 말을 던져 밖으로 쳐내어 먹는다.

· 딱지가 밖으로 나갔어도, 말이 동그라미 안에 있으면 미리 정한 수의 딱지를 물어낸다.

16. 돈치기

1) 개관

돈치기는 일정한 거리에서 동전을 던져서 따먹는 놀이다. 돈치기는 구멍을 파 놓고 엽전이나 동전을 던져 그 속에 들어간 것을 따기도 하고, 구멍 밖에 있는 것을 돌로 맞혀 차지하기도 한다.

돈치기는 주로 날씨가 추운 겨울이나 설날이나 대보름에 머슴이나 장정들이 즐겨 하던 놀이였다. 아이들은 돈 대신에 사금파리를 던지기를 하였다. 돈치기는 지방에 따라 맞돈, 망깨, 햇불돈치기, 목돈이라고도 하고, 한자어로 척전(擲錢), 타전(打錢), 투전(投錢)놀이라고도 한다.

돈치기는 집중력과 거리를 감별하는 능력을 습득하게 해주나, 지나치면 도박성을 기를 염려가 있다.

2) 놀이 방법

❶ 땅바닥에 반원형을 그리고 그 안에 자그마한 구멍을 파놓고, 3~4m 떨어진 곳에 던지는 선을 긋는다.

❷ 놀이에 참여하는 사람들은 던지는 선 앞에 선다.

❸ 각자 동전 한 개를 던져 구멍에 가까운 동전부터 순서를 정한다.

❹ 순서에 의해서 동전을 구멍으로 던지는데 구멍에 들어가면 들어간 동전은 먹게 되고, 들어가지 않은 동전 중 다른 사람이 지적해 준 동전을 작은 돌로 맞히면 먹게 된다.

❺ 다른 동전을 맞히면 정해진 벌금을 물게 된다.

❻ 돈을 누구든 다 가질 때까지 계속한다.

17. 두꺼비집 짓기

1) 개관

두꺼비집 짓기는 아이들이 비가 온 후 냇가 또는 모래가 있는 곳에서 한 손 위에 다른 손으로 모래를 쌓아 집을 지으며 노는 놀이를 말한다. 집 모양이 두꺼비가 들어가 살 만한 크기의 구멍이기 때문에 두꺼비집 짓기라 한다.

두꺼비집 짓기 놀이는 남녀 아이들이 함께 놀 수 있는 놀이다. 집을 다 지은 뒤에는 이 안에 물을 반쯤 채우고 실제로 가재, 물고기, 올챙이, 두꺼비를 잡아 넣고 놀기도 하였다.

[그림 2-17] 두꺼비집 짓기

2) 놀이 방법

❶ 모래가 있는 곳에서 모래를 모아 놓는다.

❷ 모래 바닥을 오목하게 판다.

❸ 왼손을 판판한 땅 위에 놓은 다음 오른손으로 모래를 손등 위에 올린다.

집은 깊고 단단할수록 좋으며, 크게 만들기 위하여 팔뚝까지 흙을 쌓기도 한다. 집을 튼튼히 짓기 위해서는 흙에 물을 뿌려 적시는 것이 좋다.

❹ 오른손바닥으로 손등 위에 있는 모래를 다독거리면서 "두껍아, 두껍아 헌 집 줄게. 새 집 다오" 또는 "두껍아, 두껍아, 네 집 어디 있니? 꼭꼭 숨어라"를 세 번 반복한 다음 살며시 손을 뺀다.

❺ 손을 빼어도 모래가 허물어지지 않으면 이기게 된다.

❻ 모두 집이 무너지지 않으면 지은 집이 얼마나 깊은가를 비교하여 승부를 겨루기도 한다.

❼ 두꺼비집 밑바닥을 조금 파고 물을 부어 가재, 물고기, 올챙이, 두꺼비를 잡아넣고 논다.

18. 마부 놀이

1) 개관

마부놀이는 주로 여름철에 남자아이들이 잔디밭이나 모래밭에서 말과 마부를 정하여 놓고 노는 놀이를 말한다. 마부놀이는 말과 마부를 정하여 놓고 마부가 말을 끌고 다닌다. 이때 말에 타려는 다른 아이들을 말이 발로 차면 차인 아이가 말이 되는 것을 반복하는 놀이다.

2) 놀이의 기원

마부놀이는 서민층의 아이들이 말을 무척 타고 싶은 마음에서 생겨났다, 전통놀이 중 말에 관련된 놀이가 많은데 이는 아이들이 말은 타고 싶은 마음에서 출발하였다고 할 수 있다.

3) 놀이 방법

· 먼저 가위·바위·보를 하여 마부와 말을 정한다.
· 마부는 말을 오른쪽 옆구리에 머리를 대고 오른손으로 말의 눈을 가리어 다른 사람을 보지 못하도록 한다.
· 마부가 말을 이리저리 끌고 다니면 다른 사람들은 재빨리 말 등에 올라타기도 하고 타려는 시늉으로 장난을 치기도 한다.
· 기수가 올라타면 말은 기수를 떨어뜨리려고 움직인다.
· 올라탄 기수가 뛰어내릴 때 말의 뒷발질로 차이는 사람은 말이 되고 말이 되었던 사람은 마부가 된다. 또는 올라타려고 접근하는 사람을 뒷발질로 차이면 그 사람이 말이 되고 말이 되었던 사람은 마부가 된다.

19. 막대다리놀이

1) 개관

막대다리놀이는 두 개의 긴 장대를 종아리에 묶고 걷기, 뛰기, 춤추기, 방울 받기, 땅재주 등 다양한 기예를 보여주는 놀이를 말한다.

막대다리는 나무다리라고도 하며, 지역에 따라 호남지역에서는 개고다리, 죽 마 외에도 죽족(竹足; 대로 만든 다리), 영남지역에서는 막대다리 걷기를 '개 우다리를 탄다'라고 한다. 충남에서는 작대기 걸음 놀이라고 하고 농악놀이를 할 때 다른 사람을 웃기려고 농악과 함께하기도 한다.

2) 놀이의 기원

막대다리는 세계 각 지역에서 자생적으로 형성된 일상생활과 생업의 도구이 자, 놀이도구였다. 막대다리는 긴 장대를 다리처럼 사용하여 신속하게 이동하 거나, 늪지를 건너거나, 높은 곳의 과수를 채집하는 데 이용되는 도구였지만, 연희의 도구로 사용되기도 했다.

우리나라는 삼국시대에 중국을 거쳐서 들어온 것으로 보인다. 물론 우리나라 에도 자생적으로 나무다리를 놀이나 생업에 사용하는 문화가 있었겠지만 그에 대한 기록은 별로 남아 있지 않다.

3) 놀이의 효과

막대다리는 주로 남자아이들이 많이 행했던 놀이로 빨리 성장하여 어른이 되 고 싶은 마음에서 이 놀이가 즐겼다. 막대다리를 타면 균형을 잡기 위해서 자연 스럽게 균형 감각이 길러질 수밖에 없다.

❶ 2~3m 크기의 막대 2개를 준비한다.

❷ 발을 올릴 수 있는 발판을 만든다.

❸ 나무 막대에 발판을 대개 40~50㎝ 위치에 부착한다.

❹ 들어 세워서 올라선다. 올라설 때는 긴 나무가 양쪽 겨드랑이 앞부분에 있도록 해야 편하게 이동할 수 있다.

❺ 걷거나 달린다.

❻ 목표지점을 정해놓고 빨리 다녀오기와 누가 긴 시간 동안 가느냐에 따라 승부가 결정하기도 한다.

[그림 2-18] 막대다리놀이

20. 말뚝박기

1) 개관

말뚝박기는 편을 나누어 말 편과 말타는 편을 정해서 타기도 하고 말이 되기도 하면서 노는 놀이를 말한다. 말뚝박기는 말타기 놀이라고 부르기도 하며, 주로 서민층이 즐겨했던 놀이다. 말뚝박기는 과격하게 하기도 하기 때문에 여자보다는 남자 아이들이 많이 했던 놀이다.

2) 놀이의 기원

말뚝박기가 등장한 것은 구한말부터 등장한 것으로 구전되고 있다. 옛날에는 말이 최상의 교통수단으로 여겨졌으며, 특히 서민층의 아이들은 말을 무척 타고 싶었을 것이다.

전통놀이 중 말에 관련된 놀이가 많은데 이는 아이들이 말은 타고 싶은 마음에서 출발하였다고 할 수 있다.

3) 놀이의 효과

말뚝박기를 하면서 말이 되면 기수가 타는 것을 견디어야 하기 때문에 인내력이 높아지며, 멀리서 달려오며 떨어지지 않기 위하여 균형을 잡아야 하기 때문에 체력이 증가한다.

4) 놀이 방법

❶ 편을 가른다.
❷ 각각 대장을 선정한다.
❸ 가위·바위·보를 한다.

❹ 진 편은 대장이 벽이나 나무에 기대어 서면, 나머지 사람들은 허리를 굽히고 두 손으로 대장의 허리를 잡은 다음, 머리를 사타구니 사이로 끼워 넣어 길게 말을 만든다.

❺ 이긴 편에서는 멀리서부터 가속도를 이용해 달려와 두 손으로 말 등을 잡고 세 차례를 굴러서 깊숙이 탄다. 이때 깊숙하게 타지 않으면 뒷사람이 탈 수 없게 된다.

❻ 말을 타는 팀에서 중간에 떨어지거나 발이 땅에 닿아 교대된다.

❼ 말이 힘이 없어 무너지게 되면 다시 말을 만들게 하여 말타는 편은 다시 올라탄다.

❽ 다 탈 때까지 말 팀이 무너지지 않으면 대장끼리 가위·바위·보를 하여 이긴 편은 타게 되고 진 편은 다시 말을 만들어 놀이가 계속된다.

[그림 2-19] 말뚝박기

21. 무궁화 꽃이 피었습니다

1) 개관

무궁화 꽃이 피었습니다 놀이는 술래가 "무궁화 꽃이 피었습니다"라고 외치고 뒤를 보는 순간, 움직이는 것을 술래에게 발견되면 술래 뒤에서 줄줄이 늘어서서 나중에 술래를 정하는 놀이를 말한다.

2) 놀이의 기원

옛 문헌에서는 찾아볼 수 없는 것으로 볼 때, 이 놀이의 역사는 그리 오래되지 않은 것으로 보인다. 그러나 최근에는 이 놀이의 다양한 변형들이 나타나고 있다.

술래가 "무궁화 꽃이 피었습니다"에서 뒤에 서술 부분을 바꾸어 말하면 그대로 흉내 내야 하고 흉내를 제대로 못 내면 포로가 되는 식이다.

· 술래가 "무궁화 꽃이 춤을 춥니다"라고 외치고 술래가 뒤를 돌아보면 그때에 맞추어 얼른 춤을 추어야 한다.

· 술래가 "무궁화 꽃이 노래합니다"라고 외치고 술래가 뒤를 돌아보면 그때에 맞추어 얼른 노래를 불러야 한다.

· 술래가 "할미꽃이 피었습니다"라고 외치고 술래가 뒤를 돌아보면 그때에 맞추어 얼른 허리를 구부려 할머니 흉내를 내야 한다.

· 술래가 "난장이 꽃이 피었습니다"라고 외치고 술래가 뒤를 돌아보면 그때에 맞추어 얼른 반쯤 앉은 자세로 움직여야 한다.

3) 놀이의 효과

무궁화 꽃이 피었습니다는 준비물이 없이 움직일 공간만 있으면 되는 놀이로 쉽고 재미있기 때문에 아이들이 좋아한다. 이 놀이는 아이들의 순발력과 재치를 키워주는 놀이다.

4) 놀이 방법

❶ 전봇대나 벽 등의 목표물로부터 10m 떨어진 곳에 출발선을 그어 놓는다.

❷ 가위·바위·보로 술래를 정한다.

❸ 나머지 아이들은 출발선에 선다.

❹ 술래는 벽에 기대어 뒤돌아서서 눈을 감고 "무궁화 꽃이 피었습니다"라고 외치고 재빨리 뒤를 돌아본다.

❺ 술래가 외치는 동안 다른 아이들은 걸음을 술래 쪽으로 옮긴다.

❻ 되돌아보았을 때 움직이는 것이 발견되면 술래 뒤에서 새끼손가락을 걸고 늘어선다.

❼ 다른 아이들이 술래 가까이 다가가서 손가락으로 연결된 것을 끊으면 재빨리 늘어선 사람은 출발선으로 돌아와야 한다.

❽ 술래는 달려가는 다른 아이들을 치어야 하는데 치인 사람이 술래가 된다.

❾ 만약 술래 뒤에 늘어선 사람이 없으면 술래 등을 치고 출발선으로 돌아온다.

❿ 이때에도 치이면 술래가 된다.

⓫ 움직이는 것이 들켜서 모두 다 늘어서게 되면 가위·바위·보를 하여 다음 놀이의 술래를 정한다.

22. 바람개비놀이

1) 개관

바람개비놀이는 대나무를 얇게 깎거나 종이를 접어 날개를 만든 후 손잡이 자루에 꽂아 만들어 가지고 노는 놀이를 말한다. 지방에 따라 풍차, 도르라기, 팔랑개비, 뺑돌이, 도르래라고도 한다.

바람개비는 정초부터 맹조나 흉조의 접근은 나쁘기 때문에 잘 돌면 솔개나 까마귀 등 날짐승이 무서워서 날아오지 못하기 때문이라 본다.

2) 놀이의 기원

기록을 보면 조선 초기부터 정월 대보름을 앞두고 새해 풍작을 기원하여 벼, 기장, 조, 보리, 콩 등 오곡의 이삭을 볏짚 주저리와 함께 긴 장대에 매달아 마구간 옆이나 대문간 앞에 세웠다.

이때 이삭 밑의 장대에는 바람개비를 만들어 달아 나쁜 기운이나 악귀가 오는 것을 막았다고 한다. 이처럼 바람개비놀이는 처음에는 풍년을 기원하는 주술적 의미로 시작되었다가 후에 아이들의 놀이가 되었다.

3) 놀이의 효과

바람이 세게 불면 빨리 돌아서 팔랑개비는 보이지 않고 무지개 빛의 원이 도는 것같이 보여 아이들이 재미있어 한다.

4) 바람개비의 종류

❶ 대나무로 만드는 방법
· 대나무를 길쭉하고 납작하게 깎는데 바람을 받는 면인 한쪽 날개는 오른쪽

으로 비스듬히 깎고, 다른 쪽 날개는 왼쪽으로 비스듬히 깎는다.

· 중간에 구멍을 뚫고 축을 꽂아서 돌린다.

· 나무 막대기의 중간에 축을 꽂을 수 있게 구멍을 뚫고 양쪽 날개를 가늘게 다듬어서 한쪽에는 왼편에 반대편 날개에는 오른쪽에는 네모 모양의 종이를 바른 다음 마찬가지로 가운데 구멍에 축을 박아서 돌린다.

❷ 종이를 접어서 만드는 방법

· 정사각형의 종이의 네 각을 중심 방향으로 절반이 좀 넘게 가위로 자른다.

· 네 부분으로 나누어진 종이의 한쪽 방향의 끝을 중심점에 한데 모으고 중심에 축을 꿰면 완성된다.

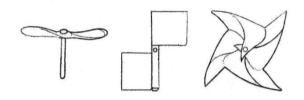

[그림 2-20] 바람개비의 종류

4) 놀이 방법

❶ 빳빳한 종이나 색종이의 모서리에서 중앙으로 4갈래로 자른다.

❷ 귀를 구부리어 한데 모아서 성긴 톱니바퀴처럼 만든다.

❸ 중심점에 압정이나 못으로 꽂아서 수수깡이나 대나무에 고정한다.

❹ 바람개비를 바람 부는 방향에 마주 세우면 바람을 잘 받아서 바람개비는 잘 돌아간다.

❺ 바람이 불지 않으면 돌지 않으면 힘껏 달려서 바람을 일으켜 바람개비를 돌린다.

23. 비석치기

1) 개관

비석치기는 일정한 거리에 비석처럼 세워진 상대방의 말을 자기의 말로 일격에 맞추어 쓰러뜨리는 놀이다. 비석치기는 전국적으로 하던 놀이이기 때문에 지역에 따라서 놀이 방법이 조금씩 다르고, 단계에 따라 부르는 이름도 다르다. 그러나 일반적으로 세워진 비석을 던져 맞히는 부분은 공통적이다.

원래 비석치기에 사용하는 비석은 주변에서 구하기 쉬운 돌을 이용한 놀이로 잘 세워지는 두툼한 돌이나 깨진 기왓장을 가지고 하였다.

[그림 2-21] 비석

2) 놀이의 기원

우리나라 곳곳의 마을에 비가 세워져 있는 '비석거리'라는 지명이 많다. 당시 비석은 권력층이나 부유층이 모여 살고 있는 마을 가까운 거리로 자기들의 조상 또는 자기들의 업적을 자화자찬하고 기리기 위하여 각종 기념물을 세웠는데, 비석 중에는 다수 민중의 뜻에 의한 것이 아니라 몇몇 권력층의 자기 자랑과 자기 과시에 불과한 것이 많았다.

따라서 민중의 눈에는 좋게 보이지 않았기 때문에 발길질로 비석을 차면서 평소 쌓여 왔던 울분을 잠시나마 풀었고, 자연스럽게 비석치기라는 놀이가 아이놀이로 자리 잡게 된 것으로 보인다.

지역에 따라서 비사치기, 비석차기, 비석까기, 목자까기, 자까기, 비새치기, 비사색기, 자새치기, 마네치기, 망깨까기, 돌차기, 돌맞추기, 말차기, 강치기 등 다양한 이름으로 부르기도 한다.

3) 놀이 방법

· 먼저 공간의 크기나 난이도에 따라 3m의 거리를 두고 두 개의 선을 긋는다.
· 서로 가위·바위·보로 이기는 팀이 공격을 하고 지는 팀은 수비를 한다.
· 수비하는 편은 바닥에 일정한 간격을 두고 나란히 비석을 세운다.
· 공격하는 편은 출발선에서 차례로 자신의 비석을 던져서 상대의 비석을 맞혀 쓰러뜨린다.
· 단계별로 오른쪽 왼쪽으로 하게 되어 있는 경우에는 자신 있는 쪽 한 가지만 선택해서 던진다.
· 심판은 개인별로 비석을 넘어뜨린 대로 점수를 1점씩 기록한다.
· 심판이 점수를 판정하면 선수는 자신이 던진 비석을 회수한다.
· 비석을 쓰러뜨리지 못한 선수는 실격된다.
· 비석을 쓰러뜨린 선수는 경기를 계속 진행한다.
· 가장 높은 점수를 받은 선수가 승리하는 것으로 한다.

4) 비석 던지는 방법

막 던지기, 한번 뛰어 던지기, 두 번 뛰어 던지기, 세 번 뛰어 던지기 등 22가지가 있다. 자세한 방법은 5장 전통체육 부분에 있다.

24. 사방치기

1) 개관

사방치기는 평평한 마당에 놀이판을 그려 놓고 돌을 던진 후, 그림의 첫 칸부터 마지막 칸까지 다녀오는 놀이를 말한다. 사방치기는 늦가을이나 겨울철에 넓은 마당에서 주로 어린 소녀들이 평평한 땅에다 일정한 규격의 선을 그어 바둑판 모형의 칸을 만든 다음, 작고 납작한 돌을 이용하여 일정한 순서에 따라 앙감질로 돌을 차며 땅을 차지하는 놀이다.

지방에 따라 평안도에서는 망차기·망깨차기, 함경도에서는 마우차기, 중부지방에서는 오랫말·말차기·목자차기·팔방차기·사방차기·깨끔집기라, 충청남도 금산에는 백받침·딸기받침·받침놀이 등으로 불린다.

사방치기는 놀이판의 모양이 사각형이기에 붙여진 이름이며, 목자놀이, 목자치기는 갖고 노는 돌을 '목자'라 부르기 때문에 여기서 연유된 이름이다.

2) 놀이의 기원

사방치기의 구체적인 기원은 알 수 없으나 꽤 오래전부터 아이들의 놀이로 정착된 듯하다. 사방치기는 땅에 간단한 그림을 그려서 할 수 있고, 주변에서 쉽게 구할 수 있는 돌을 이용한 놀이다. 그렇기 때문에 사방치기는 우리나라를 비롯하여 세계 여러 나라에서 행해지는 보편적인 놀이다.

3) 놀이의 효과

사방치기는 비석을 정확히 던지고 정해진 구획을 딛고 다음으로 넘어가야 하기 때문에 거리 감각과 정확성이 증가한다.

비석을 던져 비석을 쓰러뜨리는 것은 마음을 조마조마하게 만들기 때문에 옆에서 구경하기에도 흥미가 있었을 것으로 본다.

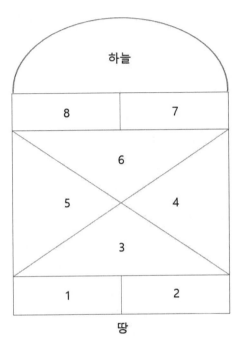

[그림 2-22] 사방치기

4) 놀이 방법

❶ 먼저 가위·바위·보로 순서를 정하고 순서에 의해 시작한다. 자신이 놀이하
기 좋은 주변에서 목자(돌)를 구한다.

❷ 1단은 목자를 1칸에 놓고 2칸부터 8칸까지 몸만 간다.

❸ 2·3칸은 앙감질(한 발은 들고 한 발로만 뛰는 짓)로 간다.

❹ 4·5칸은 동시에 한 발로 딛는다.

❺ 6칸은 앙감질로 딛는다.

❻ 7·8칸은 동시에 한 발로 딛는다.

❼ 7·8칸에서 몸을 180도 회전하여 역순으로 2칸까지 와서 1칸에 놓인 목자

를 집어 들어 '땅'으로 나온다.

❽ 2단은 목자를 2칸에 던져 놓고 1단과 같은 요령으로 실시한다.

❾ 3단은 목자를 3칸에 던져놓고 1·2칸은 한 발씩 동시에 놓고 3칸은 건너뛰며 4·5칸은 한 발씩 동시에, 6칸은 앙감질, 7·8칸은 한 발씩 놓아 쉰다. 나올 때는 역순으로 4·5칸에서 목자를 잡고 1·2칸을 거친 다음 '땅'으로 나온다.

❿ 4단은 목자를 4칸에 놓고 1·2칸은 동시에, 3·5·6칸은 한 발씩 앙감질로, 7·8칸은 동시에 놓는다. 되돌아올 때는 위와 반대로 한다.

⓫ 5단은 목자를 5칸에 던져 놓고 4단과 같은 요령으로 한다.

⓬ 6단은 목자를 6칸에 던져 놓고 6칸을 건너뛰어 앞과 같이 한다.

⓭ 7단은 목자를 7칸에 던져 놓고 앞과 같은 방법으로 하되 6칸에서 8칸으로 앙감질로 갔다가 8칸에서 7칸의 목자를 들고 나온다.

⓮ 8단은 목자를 8칸에 던져 놓고 7단과 같이 한다.

⓯ 하늘은 목자를 하늘에 던지고 앞과 같은 방법으로 하늘에 간 다음, 목자를 발등 위에 놓고 올려 받는다. 그리고 목자를 들고서 들어갈 때의 역순으로 '땅'까지 나온다.

⓰ '던지기'는 땅에서 뒤로 돌아 목자를 머리 위로 던져 목자가 들어가는 칸이 '자기 땅'이 된다. 자기 땅은 자기만의 표시를 하며 자기 땅에서는 두 발을 동시에 놓아 쉴 수 있고 상대방은 밟을 수 없다.

⓱ 선을 밟던가, 목자를 잡지 못하거나 목자가 밖으로 나가던가, 목자가 선이 물리면 실격이 되어 공격권이 상대에게 넘어간다. 그리고 돌을 주워서 나올 때 발을 주춤거리면 실격이 되고 '하늘 방'일 경우 한 손으로 땅을 짚고 다른 한손으로 목자를 주우면 실격이 되고 반드시 땅을 짚지 않고 목자를 주워야 한다.

⓲ 계속적으로 반복하여 나중에 칸을 많이 차지하는 편이 이기게 된다.

25. 선생님놀이

1) 개관

선생님놀이는 노래를 하면서 노래에 맞추어 손동작을 하는 놀이를 말한다. 선생님놀이는 주로 소녀들이 자기보다 나이가 적은 아이를 돌볼 때 마주 앉아 노래와 동작을 같이 하면서 즐기는 놀이다.

2) 놀이 방법

❶ 쎄쎄쎄, 쎄쎄쎄

양손 끝을 아래위로 서로 걸어서 아래위로 서너 번 흔든다.

❷ 아침 바람 찬바람에

자기 손뼉을 치고 앞사람의 오른손바닥과 마주치고 자기 손뼉을 치고 앞사람과 왼손바닥 마주치기 동작을 2회 실시한다.

❸ 울고 가는

양손으로 얼굴의 눈물을 닦는 동작을 취한다.

❹ 저 기러기

오른손으로 들어 하늘에 날고있는 기러기를 가르키는 동작을 취한다.

❺ 우리 선생

오른팔로 가슴 앞에 대고 왼팔로 가로 댄다.

❻ 계신 곳에
팔짱을 낀 채로 머리를 좌우로 흔든다.

❼ 엽서 한 장 써 주세요.
왼손바닥에 오른손으로 글씨 쓰는 시늉을 낸다.

❽ 구리 구리
두 주먹을 바깥쪽으로 돌린다.

❾ 가위·바위·보
진 사람은 머리를 숙이고 이긴 사람은 어느 손가락 끝으로 가볍게 누르고 "어느 손"하며 손가락을 내밀면 진 사람이 고개를 들고 그 손가락을 맞추어야 한다. 맞추었을 경우는 처음부터 다시 시작하고 맞추지 못하면 맞출 때까지 계속하게 된다.

24. 소꿉놀이

1) 개관

소꿉놀이는 가사에 필요한 물건을 준비하여 역할놀이를 하는 것을 말한다. 소꿉놀이는 주로 여자 아이가 많이 했는데 요즘에는 남녀가 같이 놀기도 한다. 소꿉놀이는 소꿉장난이라고도 한다.

소꿉장난은 어른들의 생활을 흉내 내며 노는 가상적인 역할놀이로 가정에서는 부부 역할, 부모와 자녀 역할, 학교놀이에서는 스승과 제자 역할, 병원놀이에서는 의사와 간호원 역할로 나누어 역할놀이를 한다.

2) 놀이의 효과

어린 시절의 소꿉놀이는 아기자기하고 정겹기 때문에 어른이 된 뒤에도 이를 잊지 못하여 이때 함께 놀던 친구를 '소꿉동무'라고 따로 부른다. 이 놀이를 통해 아이들은 가정생활이나 사회생활에 흉내를 내면서 장래의 역할을 수행한다.

3) 놀이 방법

❶ 주위에서 구하기 쉬운 사금파리나 얇은 돌 또는 조개 껍질을 주워 놀이 도구로 한다. 지금은 플라스틱·알루미늄 따위로 만든 축소형 가정생활용품을 비롯한 놀이기구가 널리 보급되었다.

❷ 밥그릇과 반찬 그릇으로 삼고, 모래나 흙으로 밥을 짓고, 풀잎과 나뭇잎을 따다가 반찬을 만들어 살림살이 흉내를 낸다.

❸ 아버지와 어머니 역할을 정하고 상황을 가정해서 역할놀이를 한다.

27. 수건돌리기

1) 개관

수건돌리기는 사람들이 둥근 원을 그리고 앉아 술래가 원 밖으로 돌면서 상대가 모르게 몰래 수건을 놓아서 술래를 만드는 놀이를 말한다.

수건돌리기는 명절 때 마당이나 잔디밭에서 많이 하는 놀이로 여러 명의 남녀 아이들이 수건을 재치 있게 가지고 운반하여 노는 놀이다. 수건돌리기는 남녀노소 누구나 쉽게 참여할 수 있는 놀이다.

2) 놀이의 기원

수건돌리기 놀이의 기원은 명확하지 않다. 그러나 일제 강점기에 '수건 떨구기'가 소개되고 있는 것을 보아, 일제 강점기에 이 놀이가 행해지고 있었다는 것을 알 수 있다.

3) 놀이의 효과

수건을 돌리고 한 바퀴를 돌아야 하기 때문에 순발력이 있어야 하며, 달리기를 하기 때문에 체력 향상에 도움이 된다.

4) 놀이 방법

❶ 가위·바위·보를 하여 술래를 정한다.

❷ 나머지 아이들은 둥근 원을 그려 앉는다.

❸ 술래는 수건을 감춘 채 원 밖으로 돌다가 앉아있는 한 아이의 엉덩이 뒤에 수건을 살짝 떨어뜨려 놓는다.

❹ 술래는 수건을 한 명을 정하여 그 사람의 뒤에 수건을 놓고 한 바퀴를

더 돈다.

❺ 앉아있는 아이들은 술래가 지나간 뒤에 혹시 자기 뒤에 수건을 놓지는 않았는지 손으로 확인해본다.

❻ 자기 뒤에 수건이 떨어져 있으면 재빨리 수건을 들고 원 밖으로 돌고 있는 술래를 쫓아가 잡아야 한다.

❼ 잡히면 술래가 되고 잡히지 않고 일어선 아이의 자리에 앉으면 술래를 면하게 된다.

❽ 술래가 한 바퀴를 돌 때까지 손수건이 자기 등 뒤에 있는 것을 모르면 술래는 앉아있는 사람의 등을 가볍게 친다.

❾ 수건을 발견하지 못한 아이는 가운데로 나와서 다른 아이들이 내린 벌칙을 받고 나서 술래가 된다.

벌칙으로는 노래 부르기, 엉덩이로 이름 쓰기, 동물 울음소리 흉내 내기 등을 시킨다.

28. 숨바꼭질

1) 개관

숨바꼭질은 술래가 수를 세거나 눈을 가린 뒤, 그 사이에 몸을 숨긴 아이들을 찾아내는 놀이를 말한다. 숨바꼭질은 사시사철 주로 달 밝은 밤에 아이들이 마을 공터에서 별다른 기술이나 도구 없이 즐길 수 있는 놀이다.

숨바꼭질을 평안도에서는 술래잡기·숨기내기·숨을내기·숨막질, 함경도에서는 곰칠내기·술래잡기·숨길래기·숨바꼭질·숨바꼭지·셩기 각질·습길래기·신길래기·신길내기라 한다. 이 가운데 곰칠내기의 본디말은 '곰치우다'로, '숨는다'는 뜻이다.

강원도에서는 숨박질, 제주도에서는 곱을내기·고봄재기·곱을락·곱음재기라 부른다. '곱다'는 '감추다'이다. 이밖에 까막잡기·숨을내기·찾기날기·숭금막질·숨기마중·습기새기·심꺼박질로 불린다. 중부지방에서는 숨바꼭질과 술래잡기를 뒤섞어 쓴다.

2) 놀이의 기원

숨바꼭질의 구체적인 연원은 알 수 없으나, 조선시대에 밤에 종을 울린 뒤 나졸을 풀어 통행하는 사람을 잡아들이는 것을 보고 아이들이 흉내를 내어 순라잡기 놀이를 했다는 기록이 있다. 이 기록을 보면 우리나라에서 숨바꼭질은 조선시대부터 하던 것으로 유추해볼 수 있다.

숨바꼭질은 우리나라를 비롯하여 세계 여러 나라에서 행해지는 보편적인 놀이다.

3) 놀이의 효과

숨바꼭질은 술래가 아이를 빨리 찾아내야 하기 때문에 순발력이 좋아지며, 판단력 향상에 도움이 된다.

4) 놀이 방법

❶ 가위·바위·보로 진 아이가 술래가 된다.

❷ 술래가 벽이나 전봇대를 집으로 정하고 얼굴을 대고 정한 숫자를 세든지 아니면 "무궁화 꽃이 피었습니다"를 10회 반복한다.

❸ 다른 아이들은 숨는다.

❹ 술래는 다른 아이들이 숨을 때까지 횟수를 반복한 후 "숨었니?" 하면 다른 아이들은 "찾아라"하고 대답하기도 한다.

❺ 술래가 "숨을 꽁, 찾을 꽁"하면서 찾게 되고 숨은 아이를 발견하면 이름을 부르고 집을 찍어야 한다. 발견된 아이는 술래가 된다.

❻ 발견된 아이가 술래보다 집을 먼저 찍으면 살게 된다.

❼ 술래가 된 아이가 많으면 가위·바위·보를 하여 다음 차례의 술래를 정한다.

❽ 집을 찍은 아이들은 술래가 찾으러 다니는 동안 "꼭꼭 숨어라. 머리카락 보인다. 어디 숨었니?"를 합창하면서 술래를 놀려대 약을 올리기도 한다.

❾ 술래가 한 사람도 찾지 못하면 또 술래가 되어 놀이는 계속 진행한다.

29. 실뜨기

1) 개관

실뜨기는 실의 양 끝을 서로 연결해서 두 손에 걸고, 두 사람이 주고받으면서 여러 모양을 만들며 즐기는 놀이를 말한다. 실뜨기는 두 사람이 마주 앉아 길이 1m쯤 되는 실이나 노끈의 두 끈을 마주 매어 양손으로 평평하게 당긴 후 실을 한 번씩 감아서 두 사람이 마주 앉아 실뜨기를 한다.

실뜨기는 주로 여자들이 하는 놀이로, 여러 가지 모양을 만들 수 있는데 모양에 따라 명칭이 있으며, 그 변화에 따라서 흥미롭게 엮어간다.

2) 놀이의 기원

옛날부터 소녀들이 바느질하는 어머니 옆에서 남은 실을 가지고 놀이를 하던 것이 발전하여 방안에서 즐기는 실뜨기 놀이가 된 것 같다. 실뜨기는 우리나라를 비롯하여 세계 여러 나라에서 행해지는 보편적인 놀이다.

3) 놀이의 효과

실뜨기는 아이들의 소근육 발달에 좋다. 양손의 모든 근육을 두루 사용할 뿐 아니라 문제 해결 능력도 키워준다. 점점 높은 단계로 이동하면서 아이들은 실뜨기의 매력에 빠져든다.

4) 놀이 방법

❶ 장구

한 사람이 실을 두 손에 한 번 감아서 걸고 다시 두 손 가운데 손가락으로 감은 실을 걸어 뜬 뒤에 상대편에게 차례를 넘긴다.

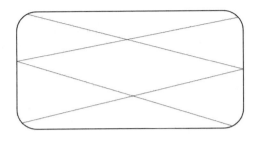

[그림 2-23] 장구

❷ 쟁반

실 양쪽의 가위처럼 벌어진 부분을 엄지와 가위처럼 벌어진 부분을 엄지와 검지 두 손가락으로 걸어 쥐고 아랫줄 밖으로 둘러서 위쪽 가운데로 올려 뜬다.

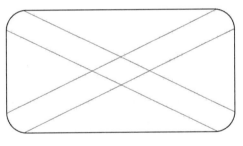

[그림 2-24] 쟁반

❸ 젓가락

엄지와 검지 두 손가락으로 바둑판 가운데의 줄이 교차된 두 각을 걸어 쥐고 바깥 줄을 밖으로 빼었다가 위쪽 가운데로 올려 뜬다.

[그림 2-25] 젓가락

❹ 절구통

두 새끼손가락으로 가운데 두 줄을 걸었다가 서로 반대쪽으로 당겨서 늘린다. 그리고 엄지와 검지로 바깥 줄을 걸어서 아래로부터 가운데로 올려 뜬다.

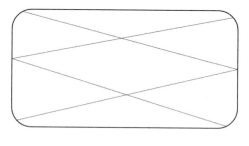

[그림 2-26] 절구통

❺ 쟁반

엄지와 검지로 절구통의 양쪽 각을 걸어 쥐고 밖으로 빼었다가 이번에는 위쪽에서 아래쪽으로 내려 뜬다([그림 2-23] 참조).

❻ 비행기

쟁반을 젓가락으로 만들 때처럼 위로 떠올린다. 그러면 가운데가 마름모꼴이 된다.

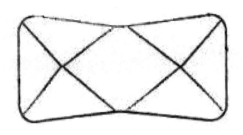

[그림 2-27] 절구통

❼ 톱질

먼저 장구를 만들어 가위 줄 밑으로 가로 걸린 한쪽 줄을 잡고 반대쪽의 가로 걸린 한쪽 줄을 입으로 물고 가운데 손가락에 걸린 줄이 벗겨지지 않도록 안으로 내려 뽑는다. 이것을 서로 이리저리 당기면 마치 톱질을 할 때와 같이 실이 엇갈려서 왔다 갔다 하게 된다.

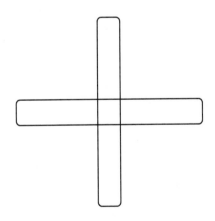

[그림 2-28] 톱질

30. 여우잡기

1) 개관

여우잡기는 아이들은 손에 손을 잡고 일정한 선을 그어 그 선을 출발점으로 하여 2m쯤 떨어진 원 안에 있는 여우에게 접근하면서 물음과 대답하면서 뛰어 노는 놀이를 말한다.

여우잡기는 계절에 관계없이 남녀 아이들이 모여 술래인 여우를 정하여 놓고 뛰어 논다.

2) 효과

여우잡기는 여우의 말에 귀를 기울여서 행동을 취해야 하기 때문에 판단력이 필요하며, 여우가 "살았다"라고 하면 도망가야 하기 때문에 순발력이 필요한 놀이다.

3) 놀이 방법

❶ 보통 7~8명이 한다.

❷ 가위·바위·보를 하여 술래를 정하는데, 맨 끝에 진 사람이 술래인 여우가 된다.

❸ 술래는 작은 원 안에서 머리를 수그리고 쪼그려 앉는다.

❹ 아이들은 손에 손을 잡고 일정한 선을 그어 그 선을 출발점으로 하여 2m쯤 떨어진 원 안에 있는 여우에게 접근한다.

❺ 서서 손에 손을 잡고 술래와 문답식으로 노래를 주고받는다.

다른 아이들 : 여우야, 여우야, 뭐하니?

여우 : 잠잔다.

다른 아이들 : 잠꾸러기

여우 : 세수한다.

다른 아이들 : 멋쟁이

여우 : 밥 먹는다.

다른 아이들 : 무슨 반찬

여우 : 개구리 반찬

다른 아이들 : 살았니? 죽었니?

여우 : 살았다 또는 죽었다.

❻ 여우가 "죽었다"라고 대답할 경우는 다른 아이들이 다시 "죽었니, 살았니?"라고 묻는데 이때 "죽었다"라고 하면 몇 번이고 다시 묻는다.

❼ 여우가 갑자기 "살았다"라고 하면 아이들은 달아나야 한다.

❽ 여우는 도망가는 아이들을 쫓아가 손으로 친다.

❾ 여우에게 치인 아이는 여우(술래)가 되고 놀이는 계속한다.

31. 엿치기

엿치기는 두 사람 이상이 엿가락을 부러뜨려 엿의 단면에 있는 구멍의 크기나 개수를 비교하여 겨루는 놀이다.

엿치기는 엿이 딱딱하게 굳는 가을이나 겨울철에 많이 하는 놀이로, 구멍의 개수를 비교하는 것보다는 구멍의 크기를 비교하는 것이 더 흔하며, 구멍의 크기가 가장 큰 사람이 이기는 놀이다.

엿을 부러뜨리는 방법은 두 가지인데 하나는 본인이 직접 엿을 반으로 꺾는 것이고, 다른 하나는 엿목판의 모서리에 두드려 부러뜨리는 것이다.

엿치기는 놀이의 성격이 더 강하지만 이를 통해 하루의 운수를 점치기도 했는데, 구멍이 크면 운수가 좋다고 여겼다.

2) 놀이 방법

❶ 서너 사람이 모여 엿판의 많은 엿가락 중에서 엿가락을 하나씩 고른다.
❷ 엿을 부러 뜨린다.
❸ 구멍이 제일 큰 사람은 제외시킨다.
❹ 나머지 사람끼리 다시 경쟁을 한다.
❺ 마지막 남는 사람이 엿값을 지불한다.

32. 잎 따내기

1) 개관

잎 따내기는 가위·바위·보를 하여 이긴 사람이 한 잎씩 퉁겨 잎사귀를 따내는 놀이를 말한다. 잎 따내기는 여름철 나무 그늘 밑에서 아이들이 같은 수의 잎사귀가 매달린 아카시아 줄기나 참죽나무를 가지고 논다.

남녀노소가 쉽게 할 수 있는 놀이로, 아카시아 잎을 이용해서 놀이가 이루어졌다.

2) 놀이의 기원

일제 강점기 전에는 아카시아나무가 귀했기 때문에, 그 이전에는 잎 따내기는 하기 어려웠을 것이다. 따라서 잎 따내기는 일본이 본격적으로 아카시아나무를 심은 일제 강점기 이후에 성행했을 것으로 본다.

3) 놀이 방법

❶ 잎 수가 같은 아카시아잎 가지를 준비한다.

❷ 가위·바위·보를 해서 이긴 사람이 아카시아 잎을 먼저 집게로 퉁겨 따 낸다. 이때 잘못 퉁겨 잎을 따지 못하면 다시 할 수 없고 가위·바위·보를 해서 아카시아 잎을 딴다.

❸ 계속해서 위 바위 보를 해서 이긴 사람이 아카시아 잎을 먼저 집게로 퉁겨 따낸다.

❹ 전부 따내는 사람이 이기게 된다.

33. 자치기

1) 개관

　자치기는 짧은 두개의 막대로써 치며 노는 놀이를 말한다. 자치기는 놀이기구가 없었던 시대에 구하기 쉬운 나무를 이용하여 길이 두 자 정도의 긴 막대기와 짧은 막대기를 가지고 원을 그려 놓거나 땅바닥에 홈을 파고 놀이를 하였다.

　자치기는 '자'와 '치기'의 합성어로 자로 치는 놀이라는 뜻이겠지만, 나무 막대기를 가지고 거리를 재어 점수를 삼는 기준으로 이 막대기를 자처럼 쓰기 때문에 '자치기'라는 이름이 붙여진 것이다. 긴 막대기를 '자막대'라 하고 대체로 20~30㎝가량 되고, 짧은 막대기를 '메뚜기'라 하여 양쪽 끝을 뾰족하게 깎았는데 길이가 7~10㎝가량 된다.

[그림 2-29] 자치기

2) 놀이의 기원

자치기는 언제부터 시작했는지는 정확한 기록은 없으나, 광복 후 조사된 기록에 의하면 전국에서 모두 실행되고 있는 것으로 나타나 우리나라 대표 놀이로 손색이 없다.

3) 놀이의 효과

전신을 움직여 하는 놀이이기 때문에 손과 팔 동작을 원활하게 해주며 체력 단련에 도움을 준다. 특히 멀리 날아간 메뚜기가 몇 자가 될 것인가를 어림하는 가운데 거리에 대한 감각이 생긴다.

4) 놀이 방법

원을 그려 놓고 놀기와 홈을 파고 놀기를 기본으로 하여 자치기 놀이가 이루어지는데, 놀이 방법은 다음과 같다.

❶ 떠 건지기
· 일명 구멍치기라고도 한다.
· 4~6명이 편을 나눈다.
· 가위·바위·보로 순서를 정한다.
· 마당 한쪽에 지름 1m 정도 되게 원을 그린다.
· 원안에 길이 15㎝ 깊이 3㎝ 내외의 홈을 판다.
· 메뚜기를 홈에 걸쳐놓고 자막대로 떠받쳐 힘껏 앞으로 밀어낸다.
· 상대편이 받으면 교대한다.
· 받지 못하면 상대편이 메뚜기를 다시 홈에 가로 놓여 있는 자 막대를 맞추거나 원 안에 들어가면 교대가 되고, 맞추지 못하거나 원 안에 들어가지 못하면 자막대로 3번 메뚜기를 퉁겨 쳐내는 것이다. 이때 공중에 있는 메뚜기를 상대편이 받으면 그 사람은 죽게 된다.

· 자를 잴 때에는 메뚜기가 떨어진 지점에서 원까지를 말한다.

· 자를 잴 때는 메뚜기로 재고, 부른 자가 넘으면 계속해서 놀이를 하지만 되지 않을 경우 부른 사람은 죽게 된다.

· 미리 정한 자수에 먼저 이르는 편이 이기게 된다.

· 보통 1,000자에서 2,000자 내기를 하고 끝나지 않을 경우에는 며칠이 걸려서 실시하기도 하였다.

❷ 원 자치기

· 마당 한쪽에 지름 1m 정도 되게 원을 그린다.

· 원으로부터 3~4m 정도 거리에 던지는 선을 그린다.

· 가위·바위·보로 공격과 수비를 정한다.

· 원안에 길이 15㎝ 깊이 3㎝ 내외의 홈을 판다.

· 수비자는 던지는 선에서 메뚜기를 원 안으로 던지면 공격자는 던지는 자를 칠 수 있다. 따라서 수비자는 공격자가 치지 못하게 하면서 원 안에 넣는다. 메뚜기가 원 안에 들어가면 한 번, 금에 닿으면 두 번, 원 밖으로 나가면 세 번 칠 수 있다.

· 치는 횟수가 정해지면 공격자는 어미자로 메뚜기를 쳐올려 떠 있는 상태에서 세게 쳐서 멀리 보낸다. 이때 여기저기 포진해 있던 수비가 메뚜기를 잡으면, 죽고 잡지 못하면 메뚜기가 멈춘 곳에 가서 처음 정해진 횟수대로 위와 같이 한다.

· 만약 어미자로 메뚜기를 치는데 헛쳐서 땅바닥을 치거나 메뚜기가 위로 올라왔는데 헛치면 그것도 한 번 친 것으로 간주한다.

· 정해진 횟수가 끝나면 원으로부터 메뚜기까지 거리를 어미자로 잰다.

· 친 사람이 30자를 불렀는데 30자가 더 될 것 같으면 "먹어라" 하고 재지 않고 30자를 주고, 만약 안 될 것 같으면 "재라"라고 한다.

· 30자가 넘으면 30자의 두 배인 60자를 먹게 되고, 30자가 안 되고 25자

가 되면 0자가 되고 죽게 된다. 따라서 너무 많이 부르지 않고 알맞게 부르는 것이 중요하다.

· 자로 잴 경우 새끼자로 재는 경우도 있는데 위로 튀어 오른 메뚜기를 어미자로 한 번은 자기 자리에서 위로 치고 두 번째 떨어지는 메뚜기를 쳐서 멀리 보낸 경우이다.

· 점수를 얻었으면 그 사람이 탈락할 때까지 계속한다. 만약 한 편이 네 명이면 네 명이 차례로 위와 같이 해서 먼저 정한 점수를 내는 편이 이긴다.

❸ 종아리

· '원 긋고 놀기'라고도 하며 원을 그려 놓고 놀기도 하고, 또한 담 벽을 등지고 할 때는 벽을 중심으로 반원을 그리고 놀이를 한다.

· 메뚜기를 왼손에 들고 오른손의 자막대로 때려서 쳐내어 먼 곳으로 날려 보낸다.

· 상대편이 받으면 그 사람은 죽고 교대하지만, 받지 못하면 메뚜기가 떨어진 지점에서 원 안으로 던지게 된다.

· 원 안에 들어가면 교대가 되므로 원 밖으로 쳐낸다.

· 쳐낸 후에 떨어진 지점에서 자막대로 3번 퉁겨서 쳐낸다. 그런 후에 몇 자라고 부르는데 부른 자가 안될 경우에는 상대편은 자를 잴 수 있다.

· 자를 잴 때에는 막대 자로 재는데, 부른 자가 넘으면 계속해서 놀이를 하지만 되지 않을 경우 부른 사람은 죽게 된다.

· 미리 정한 자수에 먼저 이르는 편이 이기게 된다.

❹ 일방 서리

· 오른손으로 자 막대와 메뚜기를 같이 들고 있다가 메뚜기를 살짝 놓으며 자막대로 쳐낸다.

· 상대편이 받으면 그 사람은 죽고 교대하지만, 받지 못하면 메뚜기가 떨어진

지점에서 원 안으로 던지게 된다.

· 원 안에 들어가면 교대가 되므로 원 밖으로 쳐낸다.

· 쳐낸 후에 떨어진 지점에서 자막대로 3번 퉁겨서 쳐낸다. 그런 후에 몇 자라고 부르는데 부른 자가 안될 경우에는 상대편은 자를 잴 수 있다.

· 자를 잴 때에는 막대 자로 재는데, 부른 자가 넘으면 계속해서 놀이를 하지만 되지 않을 경우 부른 사람은 죽게 된다.

· 미리 정한 자수에 먼저 이르는 편이 이기게 된다.

❺ 두방 거리

· 오른손으로 자 막대를 수평으로 잡고 메뚜기의 중앙을 잡아 가로로 놓아서 공중으로 띄운 다음, 자막대로 앞을 향하여 친다.

· 상대편이 받으면 그 사람은 죽고 교대하지만, 받지 못하면 메뚜기가 떨어진 지점에서 원 안으로 던지게 된다.

· 원 안에 들어가면 교대가 되므로 원 밖으로 쳐낸다.

· 쳐낸 후에 떨어진 지점에서 자막대로 3번 퉁겨서 쳐낸다. 그런 후에 몇 자라고 부르는데 부른 자가 안될 경우에는 상대편은 자를 잴 수 있다.

· 자를 잴 때에는 막대 자로 재는데, 부른 자가 넘으면 계속해서 놀이를 하지만 되지 않을 경우 부른 사람은 죽게 된다.

· 미리 정한 자수에 먼저 이르는 편이 이기게 된다.

❻ 대포

· 파진 홈에 메뚜기 끝을 땅 위에 조금 사이가 뜨게 비스듬히 세워놓고 자막대로 메뚜기의 끝을 치어 메뚜기가 공중으로 뜨게 된다.

· 상대편이 받으면 그 사람은 죽고 교대하지만, 받지 못하면 메뚜기가 떨어진 지점에서 원 안으로 던지게 된다.

· 원 안에 들어가면 교대가 되므로 원 밖으로 쳐낸다.

· 쳐낸 후에 떨어진 지점에서 자막대로 3번 퉁겨서 쳐낸다. 그런 후에 몇 자라고 부르는데 부른 자가 안될 경우에는 상대편은 자를 잴 수 있다.

· 자를 잴 때에는 막대 자로 재는데, 부른 자가 넘으면 계속해서 놀이를 하지만 되지 않을 경우 부른 사람은 죽게 된다.

· 미리 정한 자수에 먼저 이르는 편이 이기게 된다.

❼ 도둑놈 자치기

· 여러 명이 편을 나누어 순서를 정한다.

· 먼저 출발선을 그리고 출발선에서 2m 떨어진 지점에 3개의 원을 그리고 안쪽에 5·3·1이라 숫자를 쓴 과녁을 그린다.

· 순서에 의해 막대 자로 메뚜기를 쳐 과녁을 맞힌다.

· 과녁을 맞히지 못하면 교대가 되고 맞힐 때에는 맞힌 과녁의 횟수에 따라 퉁겨서 그 메뚜기를 받아 도망가게 된다.

· 수비자는 출발선에서 공격자를 쫓아가게 되는데 손으로 치기 전에 메뚜기를 멀리 던져야 한다.

· 던지지 않을 경우 공격자는 죽게 되어 교대가 된다.

· 공격자는 수비자가 손으로 치기 전까지는 멀리 달아 날 수 있어 달리기를 잘하는 사람이 매우 유리하여 편을 나눌 때 참고로 한다.

· 미리 정한 자수에 먼저 이르는 편이 이기게 된다.

34. 장님 술래잡기

1) 개관

장님 술래잡기는 여름에서 가을철까지 달 밝은 밤에 넓은 마당에서 술래가 된 한 아이가 수건으로 눈을 가리고 장님이 되고, 손뼉을 치면서 자기의 위치를 알리면서 술래가 다른 아이들을 찾아내는 놀이다.

지방에 따라 장님놀이·까막잡이·쇠경매·엄목희(掩目戲)라고도 한다. 지방마다 노는 방법이 조금씩 차이가 있다.

장님 술래잡기는 술래가 눈을 가리고 아이들을 찾아야 하기 때문에 안전한 곳에서 해야 하며, 술래가 찾기 쉽도록 교실이나 10m 이내의 공간에서 해야 한다.

2) 놀이 방법

❶ 가위·바위·보로 술래를 정한다.

❷ 술래는 수건으로 눈을 가린다.

❸ 다른 아이들은 술래 주위에서 자유롭게 선다. 놀이가 시작되면 위치를 바꿀 수 없다.

❹ 술래는 아이들을 손으로 만지기 위하여 찾아다닌다.

❺ 술래가 아이들을 계속 찾지 못하면 아이들은 자기 위치에서 "나 잡아 봐라"라고 박수를 쳐서 자기의 위치를 알린다.

❻ 술래는 박수나 노래 소리를 듣고 사람들을 찾는다.

❼ 술래 손에 잡힌 사람이 술래가 된다.

❽ 술래가 사람을 잡지 못하면 다시 한다.

35. 장치기

1) 개관

장치기는 나무 채를 이용하여 나무 공을 쳐 가며 경쟁하는 놀이를 말한다. 장치기는 주로 농촌 청소년이나 나무꾼들이 나무를 하러 갔다가 즐겨 하던 놀이로 1960년 전까지만 해도 전국 어디서나 볼 수 있었다.

장치기는 오늘날 하키와 비슷한 놀이다. 장치기는 넓은 산 위 평평한 곳이나 들판에서 많이 실시하였다.

장치기는 전국적으로 행해졌던 놀이인데, 지역에 따라서 나무공치기, 공치기, 타구 놀이, 장채 놀이, 얼레 공치기라고 부르며, 한자어로 봉희(棒戱)라고 한다.

[그림 2-30] 장치기

2) 놀이의 기원

우리나라에서는 장치기는 삼국시대에도 널리 행하여 왔으며, 고려 시대에는 격식을 갖춘 장치기 놀이 마당이 마련되어 있었다고 한다. 고려시대와 조선 초에는 궁중이나 상류사회에서만 행하여졌으나 조선 중엽부터 쇠퇴하기 시작하여 그 여류가 민간으로 흘러 전통놀이로 변천된 것으로 생각된다.

3) 놀이의 효과

장치기 놀이를 하게 되면 용감성과 투지 민첩성을 키울 뿐 아니라 체육 운동 기능을 높이며 집단주의 정신을 키우는데 그 의미가 있다.

4) 놀이 용구

장치기 공은 주먹만 한 소나무 옹이로 만들거나, 나무 공, 나무토막, 짚으로 만든 공을 사용한다.

장치기 대는 소나무를 뽑아서 하키 스틱과 같이 구부러지게 만든 작대기를 말한다.

5) 놀이 방법

❶ 멀리 쳐내기
· 장치기 공을 멀리 쳐내는 힘겨루기 놀이다.
· 선을 그어서 장치기 대를 가지고 장치기 공을 세게 친다.
· 가장 멀리 장치기 공이 날라간 사람이 이긴다.
· 가장 가까운 곳에 장치기 공이 있는 사람이 지는 것으로 한다.
· 진 사람은 나무를 대신 해주기, 날라다 주기 등으로 내기를 하였다.

❷ 골문에 넣기
골문에 넣기는 오늘날의 필드 하키와 유사한 놀이로 매우 격렬하여 부상자가

많았다고 한다.

· 먼저 두 편으로 나눈다.

· 가위·바위·보를 하여 공격과 수비로 나눈다.

· 돌로 골문을 만든다. 골문의 크기는 경기장의 크기에 따라 대충 정한다.

· 옆선을 그어 장치기 공을 쳐서 선 밖으로 나가면 상대의 공이 되었다.

· 장치기 대로 장치기 공을 서로 주고 받으면서 돌로 만든 골문에 넣음으로서 승부를 결정한다.

· 골문은 골문지기를 세워서 장치기 공을 막는다.

· 공격수들이 공을 몰고 갈 때에는 서로 "얼러 얼러" 하고 힘차게 소리를 지르며 달려간다.

· 오여장(지금의 페널티킥)일 때는 막아서도 안 된다.

36. 제기차기

1) 개관

제기차기는 엽전을 흰 종이에 싸서 실로 묶어 끝부분을 가위로 오려서 장식하여 발로 차면서 노는 놀이를 말한다. 제기차기는 주로 음력 정초를 전후하여 남자 아이들 사이에서 성행되어 왔다. 요즘에도 아이들이 어울려 제기 차는 모습을 가끔 볼 수 있고, 구멍 뚫린 동전 등이 흔했던 옛날과는 달리 플라스틱제 제기를 찬다.

서울에서는 한 번 차고 땅을 딛고 또 차고 땅을 딛는 제기차기를 땅강아지, 두 발을 번갈아 가며 차는 것을 어지자지, 땅을 딛지 않고 계속 차는 것을 헐랭이라고 한다. 전남 고흥지방에서는 땅강아지를 땅지기, 어지자지를 양방지기, 헐랭이를 들지기라고 한다. 이 밖에 한번 차서 제기를 입에 물었다가 다시 차고, 다시 차고 입에 무는 '물지기', 키를 넘게 올려 차는 '키지기', 차서 머리 위에 얹었다가 떨어뜨려 다시 차는 '언지기'도 있다.

2) 놀이의 기원

제기차기의 기원은 명확하지 않다. 다만 축국(蹴鞠)이라는 옛날 경기와 관련하여 공을 다루는 기술을 배우기 위해 제기가 만들어져 행해졌다는 설과, 시골에 있는 제기 모양 풀을 차던 '풀제기 차기'에서 비롯되었다는 설 등이 있다.

3) 놀이의 효과

제기차기는 발 움직임이 많은 놀이로 다리와 허리에 근력 강화에 도움을 준다. 또한 오래 차는 것을 기본으로 하기 때문에 지구력을 길러 준다. 그리고 유연성과 순발력이 발달하게 된다.

4) 놀이 방법

❶ 많이 차기

옛날에는 짚신을 신고 찼기 때문에 높이가 일정하게 올라가지 않아 많이 차기가 힘들어서 두꺼운 종이를 신발과 발목 안쪽에 대고 찼다.

서울에서는 제기를 한 번 찬 다음 땅을 짚고 다시 차는 것을 '땅강아지', 두 발로 번갈아 차는 것을 '어지자지', 발을 땅에 대지 않고 계속 차는 것을 '헐랭이'라고 한다. 위 세 가지를 합계를 내어 승부를 결정짓기도 하는데 이것을 '삼세 가지'라고 한다.

· 여러 사람이 모여서 편을 정한다.
· 한 발로 차든 두 발로 차든 많이 차는 사람과 편이 이긴다.

❷ 동네 차기

· 돌려차기라고도 하며 여러 사람이 둘러서서 제기를 찬다.
· 주위의 어떤 사람에게 보내기를 계속한다.
· 제기를 발로 받아 차올리지 못하거나, 차다가 떨어뜨리는 경우라든가, 또는 어떤 사람에게 제기를 보냈는지 분간하기 힘들 경우는 실격이 되어 실격자는 다른 사람 모두에게 '벌칙으로 넣어주기'를 한다.

❸ 벌칙으로 넣어주기

· ❶, ❷의 놀이 방법에서 진 편이 이긴 편에게 '벌칙으로 넣어주기'를 한다.
· 차기 좋게 넣어주어서 이긴 자가 찬 제기를 수비자가 받으면 실격이 되고 받지 못하면 계속한다.
· 편을 갈라서 할 때는 공격을 하게 되는 편이 모두 실격이 되어야 끝이 나고 다시 놀이를 하려면 많이 차기부터 다시 시작한다.

37. 줄넘기

1) 개관

줄넘기는 혼자 혹은 여러 명이 새끼줄을 뛰어넘는 놀이를 말한다. 지금은 플라스틱으로 만든 줄로 줄넘기를 하지만 옛날에는 짚으로 새끼줄을 꼬아 만든 줄을 사용하여 실시하였다.

놀이 방법으로는 혼자서 줄넘기 뛰기와 양끝에서 두 사람이 줄을 잡고 돌리면 줄을 따라 뛰어넘는 여럿이 줄넘기 뛰기 등이 있다.

2) 놀이의 기원

줄넘기는 조선 중기부터 아이들이 새끼(索)의 양 끝을 잡고, 넘고, 뛰기를 했다는 기록이 있음으로 조선 시대부터 시작한 것으로 알 수 있다.

3) 놀이의 효과

줄넘기 운동은 완벽한 운동이다. 온몸을 골고루 튼튼하게 해주고 폐와 심장을 강화시킬 뿐 아니라, 다이어트에도 효과적이다. 남녀노소 누구나 시간과 장소에 구애받지 않고 언제 어디서나 할 수 있으며 비용이 별로 들지 않는 저렴한 스포츠이기도 하다. 그리고 무엇보다 쉽고 재미있다.

4) 놀이 방법

❶ 혼자 혹은 둘이서 줄넘기하기

· 짧은 새끼줄을 가지고 혼자서 줄을 앞으로 넘겨 뛰는 방법, 뒤로 넘겨 뛰는 방법, 두 손을 엇갈려서 뛰는 방법, 그리고 한 번 뛸 때 줄을 두 번 돌리는 방법 등이 있다.

· 둘이 하는 것으로 혼자 뛰고 있을 때 다른 한 사람이 들어가 마주 보며 뛰는 방법이 있다.

· 한 번 뛰어서 두 손을 엇갈려서 뛰는 방법 등이 있다.

· 한 번 뛰어서 줄을 두 번 돌리기를 하여 뛰는 방법 등이 있다.

· 혼자서 줄넘기 놀이에서는 일정한 횟수를 정하여 놓고 누가 많이 뛰느냐에 따라 승부를 결정한다.

· 두 사람이 한 개의 줄을 가지고 나란히 달려가며 줄넘기를 하여 정해진 거리를 달려갔다 오는 방법도 있다.

❷ 여럿이 줄넘기하기

· 주로 여자 아이들이 즐겨하는 놀이다.

· 먼저 가위·바위·보를 하여 진 두 사람은 5~6m 정도 되는 새끼줄을 양쪽에서 잡고, 큰 원을 그리게 하여 땅에 닿게 줄을 돌린다.

· 다른 사람들은 순서를 정하여 뛰어들어가 줄을 뛰어넘는다.

· 놀이 중간에 줄을 밟거나 줄에 걸린 사람은 돌리는 사람과 교대한다. 하나, 둘, 셋, 넷 등으로 박자를 맞추어 한 사람씩 뛰어들어가는 경우와 2~3명이 동시에 뛰어들어가는 경우도 있다. 노래 가사에 맞추어 간단한 동작을 취하고 들어가기도 한다.

영희야, 영희야(동작을 취하지 않는다.)
인사를 하거라(전부 다 인사를 한다.)
영희야, 영희야, 뒤로 돌아라.(뒤로 돈다.)
돌아서, 돌아서 땅을 짚어라.(땅을 짚는다.)
그리고, 그리고 만세를 불러라.(만세를 부른다.)
영희야, 영희야, 잘 가거라.(줄밖으로 나간다.)

---

38. 진뺏기

1) 개관

진(陳)뺏기는 일정한 장소(진 터)에 전봇대나 큰 나무를 진(陳)으로 삼아서 서로 상대편을 잡아 오거나 진을 빼앗는 놀이를 말한다.

진뺏기 놀이는 가을부터 겨울 사이에 남녀 아이들이 즐겨 하는 놀이로 인원수에 맞추어 두 패로 나누고 진을 빼앗는 놀이를 한다. 지방에 따라 진뺏기 놀이, 진 빼앗기 놀이라고 부른다.

2) 놀이의 기원

진뺏기는 옛날에 군사 훈련을 위해 고안된 것인데 후에 아이들이 하면서 놀이로 굳어졌다. 그래서 놀이 이름도 군사용어인 진이 그대로 남아 있다. 기록에 따르면 최소한 조선 중기에 널리 행해졌고, 시작은 그보다 훨씬 위로 소급되어야 할 것이다.

3) 놀이의 효과

진뺏기는 특별한 도구가 필요 없으며 때와 장소를 가리지 않으므로 손쉽게 즐길 수 있는 특징이 있다.

진놀이를 하는 과정에서 땀을 많이 흘릴 정도로 운동이 되므로 마음을 단련하는 데 좋은 역할을 해준다. 또한 협동심을 길러주고 친구 간의 우의를 다지는 효과도 있다.

4) 놀이 방법

❶ 먼저 인원수에 맞추어 편을 가른다.

❷ 일정한 거리에 떨어져 있는 진(陳)에 손을 대고 서 있다가 시작과 함께 자기 진을 떠나 상대편 진영에 손을 대면서 만세를 부르면 이기게 된다.

❸ 진에서 늦게 나온 사람이 일찍 나온 사람을 치면 죽게 되고 진에서 일찍 나온 사람은 늦게 사람을 죽일 수 없다. 즉 진에서 먼저 떠난 사람이 쫓기게 되며 자기보다 진을 먼저 떠난 사람이 누구인가를 알아서 쫓아야 하고 또는 나보다 늦게 떠난 상대편이 누구인가를 잘 판단해야 한다. 그래서 두 진에는 진을 지키는 아이만 남기고 나머지는 모두 상대편을 잡기 위해 떠난다.

❹ 서로 죽은 사람은 상대편의 진영에 가서 서 있어야 하고, 서 있을 때 되도록 손을 벌리고 길게 서서 구원을 요청하게 된다. 이때 같은 편의 한 사람이 한 아이의 몸에 손이 닿기만 해도 모두 풀려난다.

❺ 상대편이 많이 죽으면 진을 점령하여야 한다. 따라서 수가 적은 편은 진을 떠나지 않고 적을 방어만 하는데 어떠한 방법을 이용하여 적이 밖으로 나올 수 있도록 유도하여 적에게 치이지 않도록 하고 진을 찍어야 이길 수 있다.

❻ 오랫동안 진을 빼앗지 못할 때에는 죽은 사람의 수를 따져서 승부를 결정한다.

39. 총놀이

1) 개관

총놀이는 대나무로 총을 만들어서 노는 놀이를 말한다. 총놀이는 물놀이가 한창인 여름철에 아이들이 즐겨 하던 놀이로 두 가지가 있다. 하나는 대나무를 잘라서 물총을 만들어 밀어내는 압력을 이용하여 물을 멀리 보내는 물총놀이가 있으며, 또 하나는 대나무로 총을 만들어 총알을 쏘는 총놀이가 있다.

근래에는 플라스틱으로 만든 물총이 있어 여러 명이 물을 이용하여 물총놀이를 한다.

2) 놀이 방법

❶ 물총놀이

· 직경이 약 3㎝ 정도에 마디가 있는 긴 대나무를 준비한다.
· 대나무의 한쪽은 마디 밖으로 자르고, 다른 한쪽은 구멍이 뚫리도록 마디 안쪽을 자른다.
· 대나무의 마디가 막힌 부분의 중앙에 조그만 구멍을 뚫어 놓는다.
· 대나무를 물총보다 길게 조각내어 젓가락처럼 동글게 깍아서 손잡이를 만든다.
· 손잡이의 끝에 헝겊으로 대나무 통에 꽉 끼이도록 칭칭 감는다. 나중에 헝겊이 풀어지면 손잡이를 밀어도 공기가 새어 물이 나가지 않으므로 잘 맞추어야 한다.
· 물총의 통속으로 헝겊을 맨 손잡이를 밑에까지 밀어 넣은 후, 물총을 물속에 넣어 막대를 잡아 올리면 통속에는 물이 가득 빨아들인다.
· 손잡이를 다시 밀어 넣으면 압력에 의해 조그만 구멍으로 물이 힘있게 앞으

로 나간다.

· 놀이 방법으로는 편을 나누어 물총에서 나가는 물로 싸우기도 하고 누가 멀리 물을 보내는지를 겨루기도 한다.

❷ 총알놀이

· 대나무를 마디 안에서 통으로 잘라 양쪽이 개방된 통을 만든다.

· 대나무를 물총보다 길게 조각내어 젓가락처럼 동글게 깍아서 손잡이를 만든다.

· 손잡이의 끝에 헝겊으로 대나무 통에 꽉 끼이도록 칭칭 감는다. 나중에 총알이 잘나게 하려면 공기가 새어 나가지 않으므로 잘 맞추어야 한다.

· 종이를 잘게 씹어 총알로 만든다.

· 한쪽에 총알을 넣고 반대쪽에는 헝겊을 말은 손잡이를 넣는다.

· 손잡이를 밀어서 공기의 압축을 이용하여 앞으로 밀어내어 총알같이 쏜다,

· 여름에는 씹은 종이 대신 팽나무 열매를 이용했다.

· 총알에 다칠 수 있기 때문에 총알을 쏠 때는 주의를 기울여야 한다.

40. 콩주머니놀이

1) 개관

콩주머니 놀이는 헝겊 주머니에 콩 따위를 넣고 봉하여 공 모양으로 만든 콩주머니를 가지고 노는 놀이를 말한다. 콩주머니에 콩이나 모래를 넣어 주먹만 하게 만든 것을 콩주머니라 한다. 모래를 넣을 때에는 모래주머니라 하고, 팥을 넣을 때에는 팥주머니라 하여 재료에 따라 구분해서 부르기도 한다. 콩주머니 놀이는 주로 여자아이들이 즐기는 놀이다. 콩주머니 놀이는 콩주머니를 2~3개를 가지고 각종 기교를 부리기도 하고 던져서 맞히어 상대를 죽이기도 한다.

2) 놀이의 기원

콩주머니 놀이는 일제 강점기에 일제에 의해서 들어왔다. 일본에서는 주머니를 오자미라 하는데, 이는 일본어 오테다마(お手玉)의 서일본 방언인 '오자미(おじゃみ)에서 왔다.

3) 놀이의 효과

피구놀이를 하는 과정에서 땀을 많이 흘릴 정도로 운동이 되므로 마음을 단련하는 데 좋은 역할을 해준다. 또한 협동심을 길러주고 친구 간의 우의를 다지는 효과도 있다. 신체 감각을 높이는 효과를 얻을 수 있다.

4) 놀이 방법

❶ 손기술

· 두 개 혹은 세 개의 콩주머니를 양쪽 손으로 옮겨가며 받으면서 노래를 부

르며 기교를 부린다.

· 한 손으로 두 개를 가지고 노는 방식은 두 개의 콩주머니를 손에 넣고 하나를 위로 올린 다음 떨어지기 전에, 손에 있는 콩주머니를 위로 올리고 내려오는 것을 받는다.

· 두 손으로 세 개를 가지고 노는 방식은 왼손과 오른손에 한 개씩을 쥐고 위로 한 개를 올린다. 다음에는 오른손에 있는 콩 주머니를 위로 올리면서 떨어지는 것을 받고, 그 다음에 왼손에 있는 콩주머니를 위로 올리면서 떨어지는 것을 받는 식으로 되풀이 한다.

❷ 피구놀이

· 피구와 유사하게 실시하고 먼저 편을 가른다.

· 가위·바위·보를 해서 공격과 수비를 정한다.

· 공격은 안에 수비는 밖에 위치하고 수비는 인원을 반으로 나누어 양쪽에 배치한다.

· 밖에 있는 수비 편은 안에 있는 공격 편을 콩주머니로 던져서 맞힌다.

· 맞은 사람은 실격이 되어 밖으로 나간다.

· 수비 편이 던진 콩 주머니를 공격자가 받아서 던져 수비 편을 맞추면 죽었던 사람 중 한 사람을 살릴 수 있고 실격된 사람이 없으면 점수로 계산할 수 있다.

· 공격자가 전부 콩주머니에 맞으면 실격이 되면 공격과 수비를 교대하여 놀이한다.

41. 투호

1) 개관

투호는 화살을 단지나 단지에 달린 귀에 던져 넣는 놀이를 말한다. 투호는
투호치기라고도 한다.

투호는 주로 양반들이 하는 놀이로, 궁중이나 양반집에서 잔디밭이나 대청
등에서 하였다. 일반 백성들은 놀이도구를 마련하는 일이며 절차가 복잡하여
하지 못했다.

오늘날에는 우리 놀이가 새롭게 조명되면서 고궁에서나 명절의 행사로 누구
나 쉽게 해 볼 수 있는 놀이가 되었다.

[그림 2-31] 신윤복의 임하투호(林下投壺)

2) 놀이의 기원

투호의 역사는 중국의 당나라 때부터 의식적으로 손님을 접대할 때 하던 놀

이였다. 이후 삼국시대부터 우리나라에 들어 온 것으로 보이며, 조선시대에는 양반들의 놀이로 자리를 잡아서 지금까지 내려오고 있다.

투호는 당나라로부터 건너와 삼국시대부터 시작한 역사가 깊은 놀이다.

3) 놀이의 효과

투호를 통해 몸을 수양하고(체력단련, 전신운동), 마음을 다스리며(정신집중, 양보심, 여유로움, 정신수양, 침착성), 예를 알게 하는 도구로 삼아 익혔고, 나아가 대인관계에서 화합(사양지심, 공경지심, 인성교육)을 권장하는 일환으로 사용하였다.

4) 놀이 방법

❶ 여러 사람이 동·서로 편을 나눈다.

❷ 귀가 달린 청동 항아리를 놓고 10걸음쯤 떨어진 곳에서 화살을 던진다.

❸ 화살은 개인 당 12개를 가지고 던진다.

❹ 화살을 던져 단지나 귀에 던져 넣어 많은 편이 이기는 것으로 한다.

❺ 이기는 것을 현(賢)이라고 하며, 지는 것을 불승(不勝)이라 한다.

❻ 놀이에서 이기게 되면 무희들이 춤을 추어 흥을 돋우기도 하고, 이긴 사람은 진 사람에게 술을 먹이기도 하였다. 궁중에서 왕족들이 투호를 할 때는 임금이 상을 내리기도 하였다.

5) 투호 용구

사마광(司馬光)의 「투호격범(投壺格範)」에는 다음과 같이 기록되어 있다. "투호병은 입지름이 3치[寸]이고 귀[耳]의 입지름은 1치이며 높이는 1자이다. 병 속에는 팥을 채운다. 병은 던지는 이의 앉을 자리에서 2살(화살 2개) 반쯤 되는 거리에 놓고, 살은 1개를 사용하며 살의 길이는 2자 4치이다"라고 되어 있다. 한 치는 약 3.03cm에 해당하기 때문에 입지름은 3cm이며, 높이는

30cm 정도며, 던지는 거리는 72cm 정도였다.

4) 투호의 장단점

❶ 장점

· 화살을 단지에 넣기 위하여 집중해야 하므로 집중력을 기를 수 있다.
· 화살을 10보 뒤에서 던져야 하기 때문에 시공간력이 향상된다.
· 투호는 포물선으로 던져야 귀에 들어갈 수 있기 때문에 계산력이 높아진다.
· 작은 구멍에 넣어야 하기 때문에 정확성이 길러진다.
· 편을 나누어서 하기 때문에 협동심과 단결력을 기를 수 있다.

❷ 단점

· 투호는 입이 작은 단지나 귀에 화살을 던져 넣어야 하기 때문에 숙달되지 못한 사람은 성공률이 낮아서 지속적인 재미를 주지 못한다.
· 단순히 단지에 넣어야 하기 때문에 놀이가 단순하기 때문에 흥미를 주지 못한다.
· 점수 계산이 넣느냐, 못 넣느냐에 따라서 결정되기 때문에 단순하다.

42. 팔씨름

1) 개관

팔씨름은 주로 장정들이 서로 팔의 힘 자랑을 하기 위해 겨루는 내기로 사용하던 놀이다. 팔씨름은 장소에 구애받지 않고 어디서나 즐길 수 있고 팔 힘을 길러주기 때문에 흥미가 많아 널리 성행하였다.

2) 놀이 방법

❶ 맞잡고 겨루기

개인경기로 이루어지고 서로 엄지를 걸고 손바닥을 쥐며, 나머지 한 손은 편 채로 상대의 팔꿈치 안쪽에 대어서 팔꿈치가 움직이지 않도록 한다. 잡은 손에 힘을 빼고 있을 때 심판이 두 사람의 손이 정확히 중앙에 있는지, 그리고 손등과 팔목이 일직선에 있는지를 확인하고 '시작'하는 구령에 따라 자기 몸 쪽으로 상대의 손등을 바닥에 닿게 하면 이기게 된다. 청·장년층은 주로 술내기를 하였는데, 구경꾼들과 같이 술자리가 벌어졌다. 해방 전에는 주로 팔꿈치를 자기의 무릎 위에 올려놓고 실시하였다.

❷ 목잡고 겨루기

실제 팔 힘의 차이가 날 때 실시하는 방법으로 상대의 팔목을 잡고 ❶과 같은 요령으로 실시한다. 또한 이 방법을 광주지역에서는 '중팔잡이'라고 한다.

❸ 손가락 겨루기

내기의 성격에서 벗어나 재미로 하는 방법으로 서로 검지를 서로 걸고 ❶의 요령과 같이 실시한다.

43. 팽이치기

1) 개관

팽이치기는 겨울철에 흔히 볼 수 있는 놀이로 얼음판이나 또는 마당에서 직경 5㎝ 내외의 둥근 나무토막 밑을 뾰족하게 원추형으로 깎아 만든 팽이를 채찍으로 때려 돌리는 놀이다.

팽이가 잘 돌도록 밑의 뾰족한 부분에 일제시대 이후에 못을 박았다. 팽이채는 팽이의 몸통을 때려 돌리기 위해 40㎝ 내외의 싸리나무 막대기에 40㎝ 내외의 닥나무 껍질로 만든 끈을 매어 만든다.

[그림 2-32] 팽이

2) 놀이 방법

초보자는 오른손가락과 왼손가락의 엄지와 검지로 팽이의 위 부분을 잡고 얼음판이나 땅위에서 오른쪽으로 돌게 한다.

숙련자는 팽이를 왼손에 쥐고 오른손으로 팽이채 끈으로 팽이 허리를 칭칭 감아서 팽이채를 힘있게 잡아당기면서 팽이를 놓으면 끈이 풀리는 힘으로 팽이는 돌게 한다.

팽이가 없을 때에는 작은 상수리나 도토리를 이용하여 실내에서 팽이놀이를 하기도 하고, 위아래를 깎아서 아무 쪽으로 돌리는 '장구팽이'를 가지고 놀기도 한다.

❶ 오래 돌리기

여러 명이 동시에 팽이채로 힘껏 내리쳐 오래 돌리는 사람이 이기는 것과 팽이채로 치지 않고 가장 오랫동안 돌게 하는 사람이 이기는 것 등이 있다.

❷ 목표물 돌아오기

두 사람이 아니면 여러 명이 편을 짜서 출발선에서 팽이를 치면서 목표지점까지 먼저 돌아오는 사람과 편이 이긴다.

❸ 팽이 싸움

팽이를 치다가 두 팽이가 부딪치게 하여 상대방의 팽이를 넘어뜨리는 사람이 이긴다.

[그림 2-33] 팽이 돌리는 모습

44. 풀놀이

1) 개관

풀놀이는 주로 봄이나 여름철에 들판이나 풀밭에서 여자아이들이 즐겨 하는 놀이다.

풀놀이는 풀의 가짓수가 많음을 겨루고, 풀잎의 이름을 대면서 같은 풀잎을 내놓기도 한다. 또한 풀을 가지고 서로 끊기 놀이도 한다.

2) 놀이 방법

❶ 풀 뜯어 비교하기

· 일정한 시간을 정하여 놓고 여러 가지 풀잎을 뜯어 모은다.

· 풀잎을 모아서 하나씩 이름을 대고 비교하여 양쪽이 같은 것은 버리고 상대쪽에 없는 풀잎만을 센다.

· 풀잎의 수가 많은 쪽이 이기게 된다.

· 미리 정한 벌칙을 행하게 한다.

❷ 풀싸움

· 2명이 한다.

· 질경이처럼 질긴 풀을 2개 뜯는다.

· 양손으로 서로 풀을 잡고 풀끼리 대어 힘을 가한다.

· 이때 먼저 끊어지는 쪽이 지고, 끊어지지 않은 쪽이 이기게 된다.

· 미리 정한 벌칙을 행하게 한다.

45. 호드기 불기

1) 개관

호드기 불기는 나무껍질을 악기처럼 부는 놀이를 말한다. 호드기는 원래 봄철에 물오른 버드나무 가지의 껍질을 고루 비틀어 뽑은 껍질이나 짤막한 밀짚토막 따위로 만든 피리를 말한다.

호드기 불기는 악기가 제대로 없었던 시대에 농촌 아이의 악기 놀이로 이른 봄철부터 개나리, 버드나무, 미루나무가 물이 올랐을 때 껍질이 쭉 빠지게 되는데, 이것으로 피리를 만들어서 불어 소리나게 한다.

버드나무로 만든 호드기를 '버들피리', 보릿대를 잘라서 만든 것을 '보리피리'라고 한다. 충청도에서는 호드기를 '호떼기'라 부른다.

2) 놀이 방법

· 봄에 개나리, 버드나무, 미루나무 순으로 물이 오르면 가지를 자른다.

· 자른 가지를 한번 비틀어 길이가 약 6~7㎝ 정도 되게 껍질을 칼로 도려내어 속에 들어 있는 나무 속을 빼내어서 겉껍질만 남게 한다. 이것의 끝을 얇게 베껴 혀를 내어 불면 호드기가 된다.

· 호드기를 만들어 두 손으로 감싸고 손을 움직여 노랫소리나 재미있는 소리를 내기도 하고 숨을 들어 마신 후 한번에 길게 소리를 낼 수 있는지를 겨루기도 한다.

제4장

명절 전통놀이

1. 그네뛰기

1) 개관

그네뛰기는 가로로 뻗은 나뭇가지 양쪽에 길게 두 동아줄을 늘여 걸친 발판 (널빤지)에 올라서서 앞뒤로 흔들며 노는 놀이를 말한다. 그네를 한자로는 추천(鞦韆)이라고 표기한다.

그네는 나무기둥을 세우고 그 위에 나뭇가지를 가로질러 맨 다음, 물감들인 줄을 그 곳에 매달고 선비와 부인들이 줄 위에 앉거나 서서 밀고 잡아당기며 놀았다.

그네는 지방에 따라 근데, 군데, 근듸, 근의, 군의, 그리, 구리 등 여러 가지 방언으로 불렸다.

그네뛰기는 단오의 대표적인 놀이로 씨름과 함께 지속적으로 유지되고 있는 전통놀이다. 씨름은 남성적인 놀이인 반면 그네뛰기는 여자들 사이에서 성행되어 온 놀이다.

그네뛰기는 5월의 녹음이 짙은 나무 사이에서 색색의 한복을 입은 여자들이 그네를 타고 몸을 날려 앞으로 나아갔다가 뒤로 물러날 때 아슬아슬한 긴장감을 고조되고 마음을 졸이며 그네 뛰는 모습은 여인들에게 매력적인 놀이였다.

2) 놀이의 기원

그네뛰기는 원래 중국의 북방민족이 하는 것을 보고 중국 여자들이 배워서 중국에 전파되었다고 한다. 우리나라에는 고려시대에 들어와 단오날에 그네를 설치하고 그네뛰기를 하도록 하였다는 기록이 있다. 고려 때에는 귀족 통치 계급의 호화스럽고 성대한 귀족놀이로 그네뛰기를 하였다.

조선시대에 들어서면서 그네뛰기는 제한된 궁정에서 벗어나 점차 일반에게 보급되면서 단오놀이로 그 자리를 굳히게 된 것으로 생보인다. 조선시대에는 고려시대와는 달리 상류층 여인네들에게는 그네뛰기를 못하게 하였다. 이는 여인네들을 엄격하게 통제하였던 메마른 봉건적 윤리 규범에 의한 결과로 생각되고, 따라서 그네뛰기는 주로 서민층의 젊은 여인네들에 의해서 놀아져 왔을 것으로 본다.

[그림 3-1] 신윤복의 단오풍정 속 그네뛰기

1900년을 전후한 격변기에는 다른 전통놀이와 같이 그네뛰기도 점차 빛을 잃기 시작했고 일제 강점기에는 일인들의 민족의식 말살 정책에 의해 그네뛰기도 일시 자취를 감추게 되었다.

해방 후에는 다시 부활되어 곳곳에서 단오놀이로 성행되고 있고, 현재에는 행정당국의 민속 문화의 재현사업으로 각 지방에서 간간이 놀아지고 있다.

그네를 뛰면 여름에 모기 등 곤충에 물리지 않으며 더위도 타지 않는다고 한다. 옛날 강릉지방에 살던 어느 선비는 밤마다 모기와 파리 등 날벌레의 등살에 시달리다가 문득 한 생각을 내어 그네를 만들어 타고 왔다 갔다 하면서 날벌레를 쫓아버렸다고 한다.

큰 나무의 큰 가지에 외로 튼 동아줄을 매고, 발판은 짚을 가마니에 싼 다음 흐트러지지 않게 단단히 묶어서 매달기도 하고 널빤지를 달아 그네를 뛰었다. 한 줄에 뛰는 외줄 그네뛰기, 혼자 그네를 뛰는 외 그네뛰기와 둘이 그네를 뛰는 쌍 그네뛰기가 있다.

❶ 외줄 그네뛰기

외줄 그네뛰기는 나뭇가지에 한을 하나만 매달아서 남자 혼자 타고 많이 도는 사람이 이기는 놀이다. 보통 남자들이 힘을 자랑하기 위하여 그네를 타는 것으로, 힘이 센 사람이 뒤에서 계속 밀어주어 뛰는 사람이 몇 번이나 빙글빙글 도느냐를 세어 많이 도는 사람이 이기게 된다.

❷ 외 그네뛰기

외 그네뛰기는 그네를 뛰는 사람이 혼자 그네에 앉거나 서서 타는 놀이를 말한다. 그네를 타는 사람은 그네가 높이 날도록 앞뒤로 다리와 허리를 이용하여 몸의 탄력을 이용한다. 외 그네뛰기는 눈짐작으로 누구의 그네가 높게 오르느냐, 또한 앞에 있는 나뭇잎을 누가 따느냐에 따라 승부를 결정한다.

❸ 쌍 그네뛰기

쌍 그네뛰기는 두 사람이 같이 타는 그네놀이를 말한다. 두 사람이 그네를 탈 때는 한 사람은 서서 타고 다른 사람은 앉아서 타거나, 두 사람 모두 서서 타기도 한다. 두 사람이 교대로 그네를 굴러 힘을 효과적으로 이용하여야 힘차게 높이 올라간다.

2. 널뛰기

1) 개관

널뛰기는 길고 두꺼운 널빤지의 중앙에 짚단이나 가마니로 괴어 놓고 양쪽 끝에 한 사람씩 올라서서 번갈아 구르는 힘에 맞은 편 사람이 올랐다 내리면서 구르기를 반복하는 놀이다.

널뛰기는 남자들보다는 주로 여자들이 하는 놀이다. 널뛰기를 축판희(蹴板 戱)·초판희(超板戱)·도판희(跳板戱)·판무(板舞)라고도 한다.

널뛰기는 음력 정월 초순, 정월 보름, 8월 한가위 등 큰 명절 때 부녀자들이 즐기는 대표적인 전통놀이라 할 수 있다.

2) 놀이의 기원

널뛰기는 새해 아침에 차례를 지내고 나서 곱게 차려 입은 부녀자들이 넓은 마당에 모여 널을 뛴다. 처음에는 무서워 빨랫줄을 잡고 뛰기도 하고 점점 뛰는 것이 숙달되면 구르는 힘이 커지고 여유가 생겨 공중에서 발을 앞뒤로 또는 좌우로 벌리기도 한다.

주로 처녀들이 즐겨 하는 놀이였으며, 처녀들은 새해맞이 널뛰기를 위해 몇 달 전부터 머리를 길렀으며 널뛰기를 할 때는 예쁜 댕기를 하고 빨간 치마와 노랑 저고리를 입었다.

3) 놀이 방법

❶ 마당에 멍석과 널빤지를 준비한다.

❷ 멍석 위에 널빤지를 놓고 두 사람씩 널빤지의 양끝으로 올라간다. 널뛰기는 몸무게가 비슷한 사람끼리 뛰는 것이 좋으나 그렇지 못할 경우 가벼운 사람

쪽으로 널을 밀어주는데 이것을 "밥 준다"라고 한다.

❸ 널을 안정시키기 위하여 한 사람이 널 한가운데에 앉아서 뛰는 것을 도와 주기도 한다.

❹ 널을 먼저 뛰는 사람이 먼저 뛰어올랐다가 내려오면서 널을 밟는다.

❺ 상대편 사람은 널의 반동으로 뛰어오른다. 숙달되면 공중에서 발을 앞뒤로 또는 좌우로 벌리기도 한다.

❻ 널을 뛰는 한 사람이 "밥상 들어간다. 문 열어라"하면서 발을 앞뒤로 벌린다.

❼ 마주 뛰는 상대는 "문 열었다. 들어와라"하면서 발을 좌우로 벌린다.

❽ 널뛰기를 할 때 주고받는 대화는 여러 가지가 있는데, 그때마다 재치 있게 지어 부르기도 한다.

❾ 널을 뛰다가 발을 잘못 디디어 떨어지면 실수한 사람이 물러나고 다른 사람이 널에 올라와서 다시 널뛰기를 한다.

[그림 3-2] 널뛰기

3. 농악

1) 개관

농악이란 옛날부터 농촌에서 전하여 온 우리나라 고유의 향토음악으로 농민들이 농사를 지을 때 피로를 덜 느끼기 위해서 모심기, 논매기, 김매기 등의 힘든 일을 할 때, 명절 때 흥을 돋우기 위하여 행하는 음악을 말한다. 지금도 명절 때나 동제와 같은 의식에 빼놓을 수 없는 놀이다.

[그림 3-3] 농악

농악은 지방마다 풍물, 풍장, 매구, 두레, 걸궁이라고 하는데, 이는 농악의 다양한 기능과 용도가 담겨 있다. 중부 이북 지방에서는 '농상계'라고 부르며, 충청도에서는 '풍장'이라고 한다.

농악을 하며 동네를 돌 때 자신의 집 앞에서 농악을 울리는 동안 집주인은 집안의 복을 빌어 주었으니 고맙다고 소반에 쌀이나 돈을 얹어 놓았다. 농악대는 돈을 모아 공공기금으로 썼다.

집안 형편이 좀 괜찮은 사람은 따로 풍물패를 위하여 술이나 음식을 내놓았다. 이렇게 나온 술과 음식은 풍물패, 구경 온 사람, 동네 사람들이 모두 한데 어울려 나누어 먹고 마셔 일종의 축제처럼 진행되기도 하였다.

2) 농악대의 구성

농악대의 편성은 지방에 따라 좀 차이가 있으나 일반적으로는 영기(令旗) 1개, 농기(農旗) 1개, 좌수공원, 세납(회적) 2개, 상쇠(꽹과리), 부쇠(꽹과리), 징, 장고, 꽹과리, 북, 소고 등으로 구성된다.

농악은 징, 장고, 꽹과리, 북 등 타악기를 연주하며 의식, 행진, 놀이, 곡예를 한다.

3) 농악의 종류

농악은 연주하는 계기에 따라 부르는 명칭이 다르다.

❶ 당산굿
서낭당의 제사를 지낼 때 하는 농악을 말한다.

❷ 마당밟기굿
농악대가 집집마다 다니며 덕담도 해주고 복을 빌어 주는 농악으로 '지신밟기굿'이라고도 한다. 마당밟기굿은 집집마다 다니며 덕담도 해주고 복을 빌며 새해에 좋은 일만 있기를 축원해 준다. 각 집에서는 농악대에게 음식과 술을 대접하여 잔치가 벌어진다.

❸ 걸립굿
공금을 걸으려고 농악대가 집집마다 돌며 치는 농악을 말한다. 집집마다 돌

면서 각 집의 안녕과 평안을 위해 한바탕 놀아주고 마을의 공공기금으로 쌀과
돈을 걷는다.

❹ 두레굿

농군들이 여름철에 김매며 치는 농악을 말한다. 공동작업을 할 때, 일터로
갈 때, 작업을 할 때, 오는 길 등에 농민들을 위로하기 위하여 실시한다.

'농자천하지대본야(農者天下之大本也)'라고 쓴 농기를 선두로 해서 주악
(奏樂)에 맞추어 손짓 발짓으로 익살을 부리기도 하고 일하는 장소에 이르러
농기를 세우고 그 둘레를 돌면서 한바탕 논다.

❺ 판굿

농악대들이 의식을 떠나 순전히 구경꾼에게 솜씨를 보여주기 위하여 벌어지
는 농악으로 진놀이와 기예를 발휘하며 한바탕 논다.

❻ 으레굿

한여름 장마철, 마을의 길이 태풍으로 휩쓸려 나가면 길을 고치기 위해서 마
을에서 해결해야 할 때 하는 농악을 말한다.

❼ 기타굿

대문 안을 들어서며 문굿을, 부엌에서는 정지굿을, 마당에서는 샘이 마르지
않도록 비는 우물굿을 하였으며, 외양간의 소가 건강하고 새끼를 잘 낳도록 비
는 외양굿과, 곳간에 곡식이 가득하라고 곳간굿을 하였다.

4. 달맞이

1) 개관

달맞이는 정월 대보름날 저녁에 남녀노소가 마을 동산에 올라가서 보름달이 떠오르면 달을 보면서 양손 합장을 하고 소원을 빌거나 농사일을 점치는 놀이를 말한다.

한자어로 영월(迎月)·망월(望月)이라고 하고, 한글로는 '맞이'라고 표현하는 것은, 그만큼 달을 귀하고 영험 있게 생각하여 손님을 맞듯이 달을 맞아들인다는 의미로 달맞이라고 한다.

2) 놀이의 기원

달은 농경사회에서 여신(女神)과 대지(大地)가 연계되는 풍습과 관련되어 있다. 그래서 달은 신성스러운 존재로서 농사의 풍요로운 힘, 여성 생산력의 근원 등을 상징한다. 그러므로 달맞이는 일종의 월신제(月神祭)라고 하는 달신에 대한 주술·종교적인 의미를 지니고 있기 때문에 상당히 오래 전부터 해왔던 행사다.

새해에 들어서 가장 으뜸인 행사가 달맞이 놀이다, 이 날은 쥐불놀이와 횃불싸움을 하기 위해 홰에다 불을 붙이고 어두운 길을 밝히고 산에 올라가 달맞이를 한다.

옛날에는 남자들은 정월 14일 아침부터 나무를 일곱 짐을 한 후, 보름 밥을 일찍 먹고 마을 사람들은 동네 동산에 올랐다. 대보름날 달은 될 수 있는 대로 남보다 먼저 보는 것이 길하다 하여 서로 앞을 다투어 산에 올라갔다.

달맞이는 정월 대보름날 저녁에 횃불을 들고 높은 산에 올라서 달이 떠오르는 광경을 보는 것을 달맞이라 하는데, 남보다 먼저 달을 본 사람이 길하다고 한다. 그리고 달빛을 보고 그 한 해의 풍흉을 점치기도 하였다.

3) 놀이 방법

❶ 놀이 방법은 보름달이 뜨는 것을 보기 위해 높은 곳에 올라가 달을 맞고 그 달에게 새해의 소망을 빈다.

❷ 보름달이 떠오르는 것을 보고 농부는 풍년들기를 빌고, 총각은 장가들기를 빌고, 처녀는 시집가기를 빌고, 아픈 사람은 병이 낫기를 빌었다.

4) 민요

달맞이 놀이에서는 달을 보면서 손에 손을 잡고 간단한 춤을 추며 다음과 같은 노래를 부른다.

달달 무슨 달 쟁반같이 둥근 달 어디어디 떴나. 남산 위에 떴지.
달달 무슨 달 낮과 같이 밝은 달 어디어디 비추나 우리동네 비추지.
달달 무슨 달 거울 같은 보름달 무엇 무엇 비추나 우리 얼굴 비추지.」

또한 달맞이가 끝나면 여자들은 무리를 지어 원을 그리며 노래를 한다.
달아 달아 밝은 달아 이태백이 놀든 달아
저기저기 저 달 속에 계수나무 밝혔으니
옥독기로 찍어내고 금독기로 다듬어서
초가삼간 집을 짓고 양친부모 모셔다가
천 년 만 년 살고지고 천 년 만 년 살고 지고
양친부모 모셔다가 천 년 만 년 살고 지고」

5. 더위팔기

1) 개관

더위팔기는 정월 대보름날의 세시풍속으로 아침에 만나는 상대방의 이름을 불러 더위를 팔면, 그 해 더위를 타지 않고 잘 견딜 수 있다고 믿어서 행하던 놀이다.

더위팔기는 일찍 일어나서 다른 집에 가 친구를 깨워 더위를 사가라는 말을 주고받음으로 '일찍 일어나서 농사일을 하라'라고 하는 자극을 주는 세시풍속의 하나였다.

더위팔기는 소위 말에 깃들어 있다고 믿어지는 영적인 힘을 믿고 주술처럼 말하는 예방적 속신 행위로서, 개인적인 건강을 목적으로 행해진다. 유사한 놀이로 더위 대신에 여름에 지겹게 하는 모기팔기가 마을 단위로 이루어지기도 하였다.

2) 놀이의 기원

더위팔기의 기원은 여름 뙤약볕 밑에서 많은 농사일을 해야 하는 농부들은 더위는 매우 참기 힘든 고난이었으며, 더운 날씨 때문에 탈진하기 쉬운 농부들이 더위에서 피하려는 간절함에 의해서 생긴 것으로 본다.

더위팔기는 더위를 사가라는 말을 함으로 인해서, 한 여름에 더위가 사라질 것이라는 주술적인 믿음을 바탕으로 하고 있다.

더위팔기는 여름 농사철에 대비하여 열심히 일할 수 있는 분위기를 만들기 위하여, 마음도 바로잡고, 부지런한 마음을 갖도록 해준다.

3) 놀이 방법

❶ 정월 보름날 해가 뜨기 전에 일어나 이웃집에 간다.

❷ 먼저 간 사람 "먼저 더위" 또는 "네 더위 사가게"라고 외친다.

❸ 상대가 멋모르고 "누구여" 혹은 "예"라고 대답하면 더위를 판 것이 된다. 대답한 사람은 두 사람 몫의 더위를 먹게 된다는 것이다.

❹ 상대가 대답하지 않고 "먼저 더위"라고 반문하면 처음 먼저 더위라고 한 사람이 더위를 사가서 그 해 더위를 먹는 것이 된다.

❺ 다른 놀이 방법으로 집 앞에서 밤 하나 던지고 호두 하나 던지고 나서 더위를 사가라는 뜻에서 노래를 부르기도 하였다고 한다.

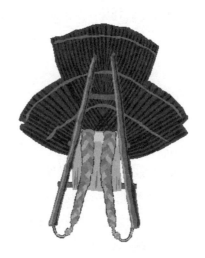

6. 씨름

1) 개관

씨름은 예로부터 내려오는 우리나라의 전통적 기예의 하나로, 단오절의 대표적인 남성적인 놀이다. 씨름은 두 사람이 샅바나 띠를 둘러서 서로 잡고 힘과 기술을 걸어 상대방을 넘어뜨려 먼저 땅에 닿게 하여 승부를 겨루는 놀이다. 농경 시대에는 제례행사의 하나로, 또 자기를 보호하는 무술로 행해졌다.

[그림 3-4] 김홍도의 씨름도

2) 씨름의 기원

조선 초기에는 궁중에서도 씨름이 성행하게 되었으며, 양반들 사이에서도 인기가 있었다. 그러나 조선 중기부터는 씨름을 금지시켰을 뿐만 아니라 궁중에서도 금지하였기에 일반 백성들의 전통놀이로 정착하기에는 어려움이 있었다.

조선 말기에 이르러 씨름은 농한기에 피로를 푸는 일반 서민의 애환이 깃들은 전통놀이로 발전하게 되었고, 지역공동체의 민속 행사로 우리 국민 속에 정착하기에 이르게 되었다.

몽골에서는 13세기 징기스칸 시대에 부흐(Buh)라는 씨름이 이미 널리 보급되어, 지금까지 국가적인 행사인 제전으로 부터 작은 부락의 축제에 이르기까지 빠짐없이 씨름대회가 열리고 있다.

3) 씨름의 종류

❶ 왼씨름

샅바를 오른쪽 다리에 걸고 오른손으로 상대의 허리 샅바를, 왼손으로 상대의 왼쪽 다리에 건 샅바를 잡으며 서로 어깨를 맞대고 하는 씨름이다. 일반적으로 많이 실시한다.

❷ 오른씨름

샅바를 왼쪽 다리에 걸고 왼손으로 상대의 허리 샅바를, 오른손으로 상대의 오른쪽 다리에 건 샅바를 잡으며 서로 어깨를 맞대고 하는 씨름이며, 주로 경기도와 전라도에서 실시한다.

❸ 띠씨름

허리에다 띠를 매고 띠를 잡고 하는 씨름으로 충청도에서 많이 실시했다. 지역에 따라 전승되어온 씨름은 1931년 제2회 전조선 씨름대회에서부터 왼씨름으로 통일되었다.

4) 놀이 종류

넓은 모래사장이나 준비된 모래판에서 펼쳐지고 먼저 상대할 두 사람이 왼씨름으로 샅바를 잡고 준비가 되면 심판의 구령에 따라 일어서는데 머리·등·허리가 거의 수평을 유지하고 다리를 뻗어 자세를 잡는다.

경기를 시작할 때는 심판이 호각을 불거나 시작하면서 두 사람의 등을 살짝 치기도 한다. 경기가 시작되면 힘과 여러 가지의 기술을 걸어 무릎 이상의 어느 한 부분을 닿게 하면 이기고, 또한 상대를 경기장 밖으로 밀어내도 이기게 되는 지역도 있다.

❶ 동네씨름

동네 장정들이 어울려 힘자랑을 하던 놀이로 경기장을 마련하지 않고 쉬는 시간에 풀밭이나 모래밭에서 즐겼다고 한다. 샅바도 없이 허리띠를 잡거나 바지 가랑이를 잡고 하였는데 상품이 없었다고 한다.

❷ 상씨름

'회거리'라고도 하며 백중이나 단오 때면 씨름판이 벌어지는데 마을에서 힘이 있는 장정들이 참가하여 최종 우승자를 가리게 된다.

우승자에게는 장사 칭호와 황소를 상으로 주는 것이 상례이다. 황소를 탄 장사는 마을을 돌면서 농악과 구경꾼들이 함께 어우러져 마을의 축제가 된다.

❸ 총각씨름

12세 이상의 소년들을 중심으로 씨름이 이루어지며 그 나이에 맞게 1등부터 5등까지 상품을 준다.

❹ 애기씨름

아이들끼리 대개 샅바를 매지 않고 하는 씨름을 말하며 한 아이가 연속해서 세 아이를 물리치면 승리자가 되어 엿이나 문구류 등의 상품을 받는다.

❺ 편씨름

추석 명절을 전후에 아랫마을과 윗마을이 편씨름을 한다. 이기는 마을은 다음 해의 농사가 풍년이 들며 지면 흉년이 든다고 한다.

5) 놀이 방법

옛날에는 씨름의 대전방식을 '지워내기'라고 하였는데, 지워내기는 이긴 사람이 계속해서 상대편 선수와 싸워 나가는 대전방식을 말한다. 지워내기는 오늘날 맞붙기(토너먼트), 돌려붙기(리그)와 비슷한 형식이다.

지워내기는 아이에서부터 어른으로, 하수에서 고수까지 순차적으로 경기가 이어지기 때문에 연령과 체급, 그리고 실력 차가 시간의 흐름에 따라 자동적으로 조절된다. 이런 지워내기 형식 때문에 씨름을 대동놀이로 분류하기도 한다.

❶ 샅바 고리를 맨다.

씨름에서 가장 중요한 것은 샅바이다. 샅바 고리를 먼저 맨 다음 다리에 걸어 샅바를 매게 된다.

· 긴 띠를 자기의 오른쪽 다리 대퇴부 상단둘레보다 5cm 쯤 더 여유를 두고 한 바퀴 돌린 후, 긴 띠를 위로 올려놓는다.

· 완성 후 짧은 띠가 8~10cm 정도 되도록 겹쳐서 접는다.

· 긴 띠를 밑에서 둥글게 만든 후, 안쪽 방향으로 잡아 뽑는다.

· 긴 띠를 위에서 아래로 둥글게 만든 후 끼워 넣고, 고리가 될 바깥쪽 방향으로 잡아당기면 샅바 고리가 만들어진다.

❷ 샅바 고리를 오른쪽 대퇴부 상단에 끼워 샅바를 맨다.

· 긴 띠를 등 뒤로 돌려 복부를 지나게 하여, 다리 샅바 고리에 안쪽에서 바깥쪽으로 끼운다.

· 긴 띠를 안쪽 샅바 고리와 긴 띠의 교차점 밑 부분을 경유하여 둥글게 한

후 위로 뽑아 올린다.

· 뽑아 올린 긴 띠를 둥글게 된 부위에 위에서 아래로 끼워 넣고, 당겨 샅바 길이가 17cm 이내로 풀어지지 않게 한다.

· 묶고 남은 띠는 복부 쪽 샅바에 적당히 끼워 넣는다.

❸ 서로 마주 보고 자연스럽게 무릎을 꿇고 앉아 샅바를 잡는다.

· 자기의 오른쪽 어깨와 상대 오른쪽 어깨를 밀착시키고, 자기 오른손으로 상대의 왼쪽 허리 샅바를 재봉선을 넘지 않게 잡는다.

· 자기 왼손으로 상대 오른쪽 다리샅바를 안쪽으로 끼워 밖으로 잡는다.

❹ 샅바를 잡고 일어서서 자기가 중심을 잡을 수 있는 좋은 자세로 다리를 적당히 벌린다.

· 무릎은 적당히 곧게 펴고, 서로 오른쪽 다리를 뒤로 물리지 못하게 하고 왼쪽 다리를 세워 서서히 일어난다.

· 서로 완전히 일어섰을 경우, 어깨는 서로 맞대고 등은 수평이 되게 한다.

❺ 기술을 이용하여 상대방의 무릎을 꿇게 하거나 넘어지게 만든다.

6) 씨름 기술

우리나라의 씨름 기술은 내국(內局 : 배지기)·외국(外局 : 등지기)·윤기(輪起 : 딴족거리) 등으로 구분되어 단조로웠다. 그러나 씨름경기가 전통놀이에서 벗어나 스포츠로 정착, 발전함에 따라 그 기술도 다각적으로 향상되었다.

씨름기술용어심의위원회가 구성되어 마침내 씨름기술 54수를 확정하고, 한글학회의 인준을 거쳐 1984년 1월 대한씨름연합회 이사회에서 가결, 확정하였다.

씨름 기술의 근본은 심신의 힘, 즉 체력이며, 씨름에 있어서 공격과 방어와 받아치기의 기술은 상대의 힘에 거스르지 않고 그 힘을 이용하는 동시에 자기의 힘을 합쳐서 뜻하는 방향으로 상대의 몸의 중심을 이동시키는 것이다. 씨름 기술의 종류는 크게 손기술·다리(발)기술·허리기술·혼합기술로 나눈다.

❶ 손기술
· 앞무릎 치기
· 앞무릎 짚기
· 앞무릎 뒤집기
· 오금당기기
· 앞무릎 짚고 밀기
· 뒷오금 짚기
· 옆무릎치기
· 콩꺾기
· 팔잡아돌리기
· 앞다리들기
· 손짚이기

❷ 다리기술
· 밭다리걸기
· 밭다리후리기
· 밭다리감아돌리기
· 안다리걸기
· 오금걸이
· 호미걸이
· 낚시걸이
· 뒷발목걸이

· 뒤축 걸어 밀기

· 발목걸어틀기

· 앞다리차기

❸ 허리기술

· 배지기

· 오른배지기

· 맞배지기

· 엉덩배지기

· 돌림배지기

· 들배지기

· 들어놓기

· 들안아놓기

· 돌려 뿌리치기

· 공중 던지기

· 허리꺾기

· 밀어던지기

❹ 혼합기술

· 모둠 앞무릎 차기

· 차돌리기

· 무릎대어 돌리기

· 등채기

· 등 쳐감아 돌리기

· 등 쳐감아 젖히기

· 연장걸이

- 잡채기
- 애목잡채기
- 들어 잡채기
- 옆채기
- 업어 던지기
- 어깨 넘어 던지기
- 자반뒤집기
- 샅 들어 치기
- 앞으로 누르기
- 꼭뒤집기
- 빗장걸이
- 무릎틀기
- 덫 걸이

[그림 3-5] 씨름

7. 연날리기

1) 개관

연(鳶)날리기는 실로 벌이줄을 매어 공중에 띄워 날리는 놀이를 말한다. 연은 종이에 댓가지를 가로세로 또는 모로 엇 맞추어 붙이고 실로 벌이줄을 매어서 만든다.

연(鳶)은 종이로 만든 연이라는 뜻에서 지연(紙鳶) 또는 바람에 연을 날린다는 의미에서 풍연(風鳶)이라고도 한다. 연날리기는 정초부터 정월 대보름까지 바람을 이용하여 주로 남자아이들이 연을 띄우는 전통놀이다.

연날리기는 세계 곳곳에서 남녀의 성별과 신분에 관계없이 즐겨오는 놀이지만, 고대사회에서는 제천행사로 연날리기가 열렸다고 보는 견해도 있다. 또한 민간에서는 액을 물리치는 주술적 도구로 연이 널리 사용된 기록도 있다.

연날리기는 연을 날리면서 정신을 집중하는 효과가 있으며, 순발력과 유연성의 효과가 있다.

[그림 3-6] 연

우리나라 연의 종류는 100여 종이 넘으며, 연의 모양은 대체로 직사각형으로 연의 크기와 형태는 규격이 없고 각 지방의 전통에 따라 조금씩 다른 점은 있으나 대체로 비슷하다. 또한 연의 종류 또한 연 만드는 사람의 창의성에 따라 다양한 연을 만들 수 있다.

우리나라 연의 형태 면에서 보면 대개 두 유형으로 분류할 수 있다.

❶ 방패연

방패연은 한국 연의 대표격이라 할 수 있는 연으로서 연의 직사각형 중앙에 방구멍이 뚫려 있는 연을 말한다. 방패연은 연면(鳶面)에 붙이는 색지(色紙)의 색과 모양에 따라, 또는 그림에 따라 명칭을 달리한다.

방패연에는 꼭지연·반달연·치마연·동이연·초연·박이연·발연구리팔괘연·오색연·돌쩌귀연·소딱지연·거북선연·봉황연·박쥐연·나비연·쌍나비연·고기비늘연·접시연·말굽연(편자연)·방상시연·상주연·액막이연·제비연·관연·호랑이연·까치날개연 등이 있다.

[그림 3-7] 치마연

❷ 가오리연

꼬빡연이라고도 한다. 가오리 모양으로 만들어 길게 꼬리를 달아 띄우는데, 올라갈 때 머리가 꼬빡꼬빡하므로 이런 이름이 붙었다. 만들기가 쉽고 잘 올라가서 어린이들이 즐겨 날린다.

3) 방패연 만드는 방법

❶ 창호지와 연살로 사용할 대나무를 준비한다.

❷ 대나무는 연살로 사용하기 위하여 두께 1mm, 너비 2mm 정도로 얇게 다듬는다.

❸ 연의 크기는 정해진 것이 없지만 가로, 세로의 길이의 비는 2 : 3으로 만든다. 예를 들면 가로 40cm일 때 세로는 60cm로 한다.,

❹ 창호지 중앙을 네 번 접은 다음 뾰족해진 부분을 적당한 크기로 가위로 오려내면 둥근 방구멍을 만든다. 방구멍의 지름은 가로길이 1/3쯤이 좋다.

❺ 방구멍을 중심으로 면이 좁은 쪽이 머리로 가게 한다.

❻ 연살을 풀로 창호지에 중살과 허리살을 십자로 붙인다.

❼ 다시 창호지에 장살 2개를 ×자로 붙인다. 창호지에 연살은 허리살, 중살, 장살 순으로 붙인다.

❽ 머리 부분에는 머릿살을 감아 붙인다.

❾ 연살을 다붙이면 머리살 양쪽 끝을 실로 매어, 휘어지는 각도가 15도~20도 정도 반타원형으로 굽힌다. 이때의 실을 활벌이줄이라고 한다.

❿ 다시 양 귀에 실로 묶어 머릿줄을 방구멍까지 늘이고, 꽁수구멍을 만들어서 꽁수줄과 연결한다.

⓫ 실을 연결할 대는 연의 아래로 45도의 각도가 되도록 줄을 맨다. 이것을 연줄이라고 한다. 연줄은 무명실로 주로 사용하고 튼튼하게 하기 위하여 잉어실에 풀을 먹이어 사용하기도 한다.

⓬ 연의 머리 쪽에 색종이로 원형 또는 반원형의 머리 장식을 한다.

❸ 연의 아래에 치마 부분에도 색을 칠하거나 색종이를 붙여서 장식을 한다.
❹ 기울임을 막거나 멋을 부리기 위하여 서너 개의 꼬리를 달기도 한다.

4) 연 날리는 방법

❶ 연은 바람을 헤치고 올라가지 않고 바람을 타고 올라간다.
❷ 바람이 흐르는 방향으로 연을 띄워 바람의 저항을 받아 올라가게 한다.
❸ 연을 날릴 때는 연과 날리는 사람의 앞가슴과의 각도는 45도 정도가 가장 좋다.
❹ 연줄은 직선에 가깝도록 팽팽하게 당겨야 연을 자유롭게 조정하기가 좋다.
❺ 바람의 흐름이나 세기에 따라 얼레질을 잘하면 더욱 높이 올라갈 수 있다.
❻ 연줄을 갑자기 많이 풀면 연이 좌우로 이동하는데, 이때는 연줄을 빨리 감으면 제자리로 돌아온다.

5) 놀이 방법

❶ 높이 띄우기

연을 멀리 높이 띄울 수 있는가를 겨루는 놀이를 말한다. 높이 띄우기 놀이를 하기 위해서는 경기에 참여하는 사람은 일정한 간격을 유지하여 모두 횡으로 늘어서서 보조자가 들고 있던 연을 머리 위로 띄워준다.

연실의 길이가 모두 같기 때문에 자신의 머리 위로 띄워야 이길 수 있고 일정한 시간 안에 가장 높이 올리는 사람이 이기게 된다. 연을 500m 이상 띄우면 연의 무늬가 보이지 않고, 연을 약 1km 가량 높이 띄우면 눈에 잘 안 보인다.

❷ 묘기 부리기

연을 띄워 하늘에서 연을 가지고 묘기를 부리는 놀이를 말한다. 연을 날리는 사람의 손놀림에 의해서 실을 감았다 풀었다 하여 연을 상하, 좌우 급격하게 이동하며, 다양한 공중곡예로 묘기를 부리는 것으로 승부를 겨룬다.

❸ 연싸움

연싸움은 연을 높이 띄워 상대의 연줄을 끊어 승부를 겨루는 것을 말한다. 연싸움은 연날리기 중에서 가장 흥미있고 재미있는 놀이 방법으로 연날리기 행사에는 많이 실시한다.

연줄을 강하게 하기 위하여 유리조각이나 사금파리를 곱게 빻아 밥풀에 잘 섞어 연줄에 묻혀서 말려 연싸움에 임한다. 연의 방향을 잘 조종해서 상대의 연줄이 끊어지게 하여 상대의 연이 날아가 버리면 이기게 된다.

❹ 액연(厄鳶) 날리기

액연(厄鳶) 날리기는 놀이의 성격도 있지만 민간신앙에 바탕을 둔 액을 떨쳐 보내기 위하여 연을 띄워 보내는 놀이 방법이다.

정월 보름날 저녁에 날리는 연에 액막이 글귀 '액(厄)', '송액(送厄)', '송액영복(送厄迎}福)'을 써서 높이 띄운 후 실을 끊어 멀리 날려 보내 액도 같이 날려버렸다. 또한 창호지에 액막이 글귀를 써서 연줄에 매달고 창호지에 불을 붙여 실을 끊게 하여 날려버리기도 하였다.

8. 윷놀이

1) 개관

윷놀이는 정월 초하루에서 보름까지 윷이라는 놀이도구를 사용하여 남녀노소 누구나 어울려 즐기면서 노는 대표적인 전통놀이를 말한다.

윷놀이는 남녀노소 귀천 없이 민중이 즐겨왔던 놀이로, 남자들은 멍석을 깔아놓고 여자들은 안방이나 마루에서 방석을 깔아놓고 개인끼리 또는 편을 갈라 윷가락을 내던져 윷가락이 엎어지고 자빠지는 데에 따라 말판에 말을 옮기면서 승부를 겨루는 놀이다.

윷놀이는 비용이 들어가지 않으며 언제 어디서든 할 수 있는 놀이기 때문에 전통놀이 중 근래까지 가장 많이 실시하는 놀이라고 볼 수 있다.

2) 놀이의 기원

윷놀이는 원래 척사희(擲柶戲)라 하였고 조선조에 이르는 동안 사희(柶戲) 또는 탄희(攤戲)라고도 하였다.

윷놀이는 초기에는 도·개·걸·윷으로 일컬어지는 사진법 놀이에서 도·개·걸·윷·모로 일컬어지는 오진법 놀이로 바뀌었다. 그러나 지금은 뒤도가 하나 더 생겨나서 육진법의 놀이로 변화되었다.

윷놀이는 놀이 방법으로만 사용한 것이 아니라 정초에 그 해의 운수를 점쳐 보는 점괘로 이용하기도 하였다.

3) 놀이의 효과

윷놀이는 여럿이 하는 집단으로 경쟁하면서 말을 놓아 빨리 끝내야 하기 때문에 두뇌를 자극하고 정서함양에도 도움이 된다.

놀이 규칙을 지키면서 놀이하는 과정에서 준법정신을 기를 수 있으며, 윷을 던지는 동작과 윷을 던지고 나서 윷의 상태에 따라 소리를 지르는 가운데 일상에서 생긴 스트레스를 해소할 수 있다는 장점이 있다.

4) 윷의 종류

윷의 종류는 지방에 따라 모양이 다양하나 크게 잘 쪼개지는 싸리나무, 밤나무, 박달나무 등으로 만든다. 이외에도 나무를 밤톨크기 만하게 만들어서 사용하는 밤윷, 콩으로 만드는 콩윷과 팥으로 만드는 팥윷 등이 있다.

[그림 3-8] 윷

❶ 싸리나무윷

싸리나무는 잘 쪼개지는 성질을 이용하여, 길이 10㎝, 직경 2㎝ 정도의 싸리나무 가지 두 개를 각각 반으로 쪼개어 만들었다.

❷ 밤나무윷

쉽게 구할 수 있는 밤나무로 만드는데 윷의 길이 15㎝, 직경 3~5㎝ 정도의 밤나무 가지 두 개를 각각 반으로 쪼개어 만들었다. 밤나무 윷은 주로 남성들이 사용하며, 크고 묵직하며 좀 투박스럽게 만들었다.

❸ 박달나무윷

박달나무로 만든 윷은 주로 여성용으로서 비교적 작고 예쁘게 다듬어 채색을 곱게하여 사용한다.

❹ 밤윷

밤윷은 굵기가 새끼손가락 정도, 길이는 3㎝ 정도의 나무를 4조각으로 만들어, 조그만 밥공기 등에 넣어 휘두르다가 바닥에 던져 놀며 주로 남부지방에서 많이 사용하였다.

[그림 3-9] 밤윷

❺ 콩윷·팥윷

밤윷의 변형이라 할 수 있으며 나무 조각 대신 큰 콩이나 팥을 반으로 쪼개어 만들어 놀기도 하고 주로 북부지방에서 많이 사용하였다.

5) 윷판

윷판은 여러 가지 형태가 있으며 주로 정사각형과 원형인 29개의 밭으로 이루어져 있다. 6·25 전쟁 이후부터는 윷판을 따로 만들지 않고 종이에 그리거나

땅에다 그려서 윷놀이를 하였다. 그래서 윷놀이는 윷만 있으면 어디에서나 놀
수 있다.

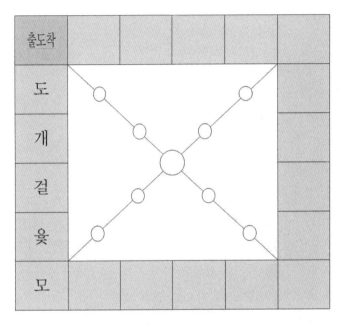

[그림 3-10] 윷판

윷판의 자리 하나하나에 명칭이 있으며, 윷가락의 호칭은 가축의 이름을 딴
것으로 윷 3개가 엎어지고 1개가 젖혀진 것은 '도'라 하여 한 밭을 가고, 2개가
엎어지고 2개가 젖혀진 것은 '개'라 하여 두 밭을 가며, 1개가 엎어지고 3개가
젖혀진 것은 '걸'이라 하여 세 밭을 간다. 그리고 4개가 모두 젖혀진 것은 '윷'
이라 하여 네 밭을 가고, 4개가 모두 엎어진 것은 '모'라 하여 다섯 밭을 간다.
도는 돼지(豚)를, 개는 개(犬)를, 걸은 양(羊)을, 윷은 소(牛)를, 그리고
모는 말(馬)을 가르키는 말이다.
가축은 고대인에게 있어서는 큰 재산이었고 또 일상생활에 있어서 가장 친밀
한 짐승이었다. 따라서 가축의 이름과 함께 몸의 크기와 걸음의 속도도 윷놀이

에 이용하였던 것으로 보인다. 즉, 몸 크기의 차이를 보면 개보다는 양이, 양보다는 소가, 소보다는 말이 더 크며, 또 걸음의 속도가 말이 한 발자국을 뛰는 거리는 돼지의 다섯 발자국 뛰는 정도의 거리가 되므로 이렇게 대비하여 정한 것으로 보인다

6) 놀이 방법

❶ 윷놀이

· 윷을 준비한다.

· 실외에서 할 때는 마당에 멍석을 깔고, 실내에서는 담요를 깐다.

· 개인 대 개인 혹은 2~4명씩 편을 나눈다.

· 윷판을 그린다.

· 말을 쓰는 마부를 정한다.

· 마부는 윷을 노는 사람이 원하는 대로 말을 써 주며 '낙'을 판정하는데 낙은 놀이가 시작되기 전에 양편의 협의에 따라 결정한다. 낙의 종류는 아래와 같다.

　　－ 던진 윷이 하나라도 원 밖으로 나갈 경우

　　－ 던진 윷가락의 하나가 줄 이상의 높이로 올라가지 않을 경우

　　－ 어느 사람 또는 어느 편이 먼저 놀 것인가를 결정한다. 두 윷가락을 던졌을 때 한 가락이 엎어지고 한가락이 젖혀지는 사람이 먼저 논다.

　　－ 낙을 했을 경우의 윷놀이는 실격이 된다.

· 윷을 던져 나온 대로 말을 이동한다.

· 윷을 던져서 처음 말이 있는 자리와 같은 이동을 하게 되면 업고 같이 갈 수 있다.

· 보통 4개의 말 빼기를 하는데 한 말씩 가기도 하고, 업고 갈 수 도 있어 말판을 잘 써야 한다.

· 윷을 던져서 나온 이동 자리에 상대편 말이 있다면 상대편 말을 잡을 수 있다.

· 윷을 던져 윷이나 모가 나오면 한번 더 윷을 던질 수 있다.

· 4개의 말을 가장 먼저 뺀 개인이나 단체가 이긴다.

❷ 척사점(擲柶占)

윷은 놀이로서만 활용했던 것이 아니라 점치는데도 사용하였다. 섣달 그믐날이나 정초에 윷을 세 번 던져 나온 괘로 다음 해나 그 해의 일년 신수를 점쳐보는 윷점을 '척사점(擲柶占)'이라고 부른다.

윷을 세 번 던져서 각기 나온 결과에 맞는 점사(占辭; 점괘에 나타난 말)를 찾아내어 일년 신수를 점쳤다. 점사는 윷을 세 번을 던져서 나온 경우의 64괘(卦)에 따라 각기 다른 점괘를 말한다.

❸ 마을 윷점치기

개인적으로 윷점치기도 하였지만 마을의 미래에 대해서도 점을 치는 마을 윷점치기도 있었다. 옛날에 농민들이 정초에 사는 지역에 따라 편을 갈라 점을 쳤다.

점을 칠 때는 마을끼리 한편은 산농(山農)이 되고, 다른 한편은 수향(水鄉)으로 편을 갈라서 윷점으로 승부로 내서 '산농'이 이기면 다음 해에 밭농사가 잘되고, '수향'이 이기면 논농사가 잘된다'는 속설이 있다. 이것은 윷놀이가 단순히 즐거움을 위한 놀이의 성격에서 활용한 것만이 아니라 신앙적인 성격을 띤 놀이이기도 하였음을 보여주고 있다.

❹ 모다 먹기

윷놀이는 단순한 놀이에서 벗어나 도박성을 띠기도 하였다. 보통 말판 놀이 방법에서 돈내기를 하지만, 도박을 목적으로 하는 '모다 먹기'가 있었다. 모다 먹기 놀이 방법을 보면 다음과 같다.

· 한 사람이 물주가 되어 판돈을 걸고 나머지 사람들도 돈을 걸게 된다.

· 물주가 먼저 윷을 던져 모가 나오면 나머지 사람이 건 돈을 물주가 모두 먹을 수가 있다.

· 모 이하가 나올 때는 물주는 돈을 건 사람들과 각각 윷을 놀아서 이기면 돈을 먹고 지면 건 돈만큼 돈을 내준다.

· 같이 윷이 나올 때는 비기게 된다.

· 물주가 윷이 나면 '사윷'이라 하여 돈을 건 사람에게 건만큼 돈을 주어야 한다.

· 물주가 건 판돈을 전부 잃으면 그 판은 끝나게 되고, 물주가 건 판돈이 처음 건 판돈의 3배가 될 때까지 계속하고 3배가 되면 물주가 전부 갖게 되어 그 판은 끝나게 된다.

· 물주가 돈을 따게 되면 돈을 계산해주는 사람과 구경꾼에게 기분 좋다 하여 딴 돈에서 얼마의 돈을 주는데 이를 '개평'이라 한다.

제4장

오락 전통놀이

1. 골패(骨牌)놀이

1) 개관

골패놀이는 32개의 골패를 가지고, 둘 또는 넷이 277점을 만드는 놀이다. 골패(骨牌)는 납작하고 네모난 뼈로 만들었기 붙여진 이름이다.

골패는 수를 나타내는 여러 가지 크고 작은 구멍을 새긴 것으로 구멍의 숫자와 모양에 따라 패를 맞추는 전통적인 오락 도구이며, 도박 도구이다. 우리나라 사모패는 마작패와 비슷하게 생겼다. 노는 방법도 마작과 비슷한데, 마작이 골패놀이에서 발전된 것이기 때문이다.

골패는 상아로 만든 것을 아패(牙牌), 뒤쪽에 대나무 조각을 대고 만든 것을 사모패(紗帽牌), 종이로 만든 것을 지패(紙牌)라고 한다.

[그림 4-1] 골패

2) 놀이의 기원

골패놀이는 중국 송(宋)나라 때 생긴 놀이라고 하며, 청나라 때 우리나라에

유입되었다는 설이 있다. 우리나라에는 조선 중기부터 놀이로 해온 것으로 알수 있다. 오래전부터 널리 행해지던 이 놀이가 제대로 전승되지 못한 까닭은, 놀이가 비교적 간단한 탓에 내기가 강조되면서 도박으로 인식되었기 때문이다.

3) 골패

골패의 크기는 가로 1.2∼1.5㎝, 세로 1.8∼2.1㎝, 두께 0.4∼0.5cm 정도의 납작하고 네모진 검은 나무 바탕에 상아나 짐승 뼈를 붙여 모두 32짝을 사용한다.

골패에는 1에서 6까지의 점수를 위아래로 새겨 총 127점으로 되어있다. 패에 뚫린 구멍의 수에 따라 각기 이름이 있으며 그 명칭은 다음과 같다.

<표 4-1> 골패의 명칭

구 분	내 용	묶 음 표
백	붉은 홈 한 개 짜리	아홍 : 아와 홍을 함께 판 것 아오 : 아와 오를 함께 판 것
아	검은 홈 두 개 짜리	아륙 : 아와 육을 함께 판 것 홍삼 : 홍과 삼을 함께 판 것
삼	검은 홈 세 개를 비스듬히 판 것	삼오 : 삼과 오를 함께 판 것 삼육 : 삼과 육을 함께 판 것
홍	붉은 홈 네 개 짜리	홍오 : 홍과 오를 함께 판 것 육홍 : 육과 홍을 함께 판 것 오륙 : 오와 육을 함께 판 것
오	검은 홈 다섯 개 짜리	꼬백 : 백 두 개의 홈을 나란히 판 것 민아 : 아 두 개의 홈을 나란히 판 것
육	검은 홈 여섯 개 짜리	장삼 : 삼 두 개의 홈을 비스듬히 판 것 직홍 : 홍 두 개의 홈을 비스듬히 판 것

4) 놀이 방법

놀이는 두 사람이나 네 사람이 할 수 있는데, 주로 네 사람이 놀이를 한다.

❶ 숫자 맞추기

· 대개 두 사람이 하며, 꼬리 붙이기라고도 한다.

· 12쪽씩 패를 나누어 갖는다.

· 선을 정한다.

· 선이 먼저 임의로 패를 한쪽 내려놓으면 상대는 선이 내려놓은 패의 아래쪽 수에 맞게 내려놓는다.

· 다음은 다시 선이 앞사람이 내려놓은 패의 아래쪽 수에 맞게 내려놓는다.

· 계속하여 상대 숫자에 맞는 것을 내지 못하면 진다. 또, 자기가 가진 총수를 셈하여 불리할 때는 버리는데, 버린 수가 많은 쪽이 지는 것으로 하기도 한다.

❷ 짝 맞추기

· 2~4명이 할 수 있으며 골패를 뒤집어 놓고 하나씩 들어 제일 높은 수를 든 사람이 선이 된다.

· 선은 6쪽, 나머지 사람은 5쪽을 갖으며 남는 골패는 모아 둔다.

· 선은 먼저 자신의 표 중 짝패가 있으면 둘 다 내려놓고 또 다른 패 하나를 더 내려놓을 수 있다.

· 짝패가 없으면 그냥 하나의 패만 내려놓는다.

· 오른쪽 방향으로 다음 사람은 선이 내려놓은 하나의 패와 짝을 이루는 패를 가지고 있으면 그 패를 집어와 짝을 맞추어 내려 놓는다.

· 짝이 맞는 패가 없으면 모아 둔 골패 중 하나를 집어 와서 짝이 있으면 2쪽을 내려놓고 없으면 아무 패나 하나를 내린다.

· 다음 사람도 같은 방법으로 진행하고, 이렇게 짝 맞추기를 하여 모두 먼저 내려놓는 사람이 이기게 된다.

2. 바둑

1) 개관

바둑은 두 사람이 교대로 흰 돌(백석)과 검은 돌(흑석)을 바둑판 위에 두어 집을 많이 짓는 것으로 승부를 겨루는 승부 놀이 중의 하나이다. 한자어로 혁기(奕棋)· 박혁(博奕)·위기(圍棊)·기기(棋碁)·기국(碁局)이라고 한다.

2) 놀이의 기원

바둑은 중국에서 요순(堯舜)시대에 임금이 어리석은 아들을 위해 만들었다는 전설이 있을 만큼 그 유래는 오랜 것이다. 우리나라에 전래된 연대는 정확하지 않으나 삼국시대에 전해진 것으로 보고 있다.

바둑판은 처음에는 17×17로(路)를 사용하다가 당대(唐代)에 와서 현재의 19×19로 변하였다고 한다.

우리나라에서는 해방 무렵까지 순장(順丈)바둑을 두었는데, 순장바둑은 바둑을 두기에 앞서 각 8점씩 16점을 포석한 상태에서 시작하는데 창의성이 제한되고 기술적인 면에 한계가 있어 자취를 감추고, 지금의 바둑은 해방 후부터이다.

3) 바둑판

바둑판의 규격은 가로 42.4㎝ 세로 45.45㎝로 정해져 있으며, 가로×세로 19개씩 줄을 그어 만들어진 361개의 교차점으로 이루어져 있다. 바둑판의 재료는 비자나무로 만든 것을 최고품으로 여기나 주로 은행나무, 계수나무로 만들기도 한다.

판에는 중앙에 천원(天元)네 개의 귀와 변에 화점(花點)을 표시한다.

[그림 4-2] 바둑판과 바둑돌

4) 바둑돌

바둑돌은 바둑알이라고도 하며, 바둑판의 교차점에 놓을 수 있는 361개(백석:181개, 흑석:180개)가 한 세트로 구성되어 있다.

바둑돌의 재료는 옛날에는 백은 조개 껍질을 적당한 크기로 갈아 만들었으며, 흑은 검고 매끄러운 조약돌을 사용하였다. 근래에는 규정된 바둑돌을 사용하고 있다.

5) 놀이 방법

❶ 바둑은 기본적으로 두 사람이 하는 놀이다.

❷ 고수나 연장자가 백을 쥐고 하수나 나이 어린 사람이 흑을 잡는다.

❸ 흑부터 시작하여 교대로 한 점씩 놓는다.

❹ 한 번 돌을 놓으면 다시 옮기지 못한다.

❺ 상대의 돌을 포위하여 잡으면 떼어 둔다. 판이 끝나면 집을 계산할 때 상대방의 집을 채운다.

❻ 더 이상 돌을 둘 곳이 없으면 서로의 집을 헤아려 많은 사람이 이긴다.

3. 장기류

1) 개관

장기는 두 사람이 장기판을 가운데 두고 마주 앉아 알을 번갈아 가며 두어서 승부를 내는 전통놀이다. 장기는 전쟁 형식을 본뜬 오락으로써 둘이 나누어 가지고 대국하여 서로 치고 막아가며 승부를 겨루는 놀이다.

장기는 우리나라에서 바둑과 함께 대중적으로 보급되어 현재까지 많은 사람들이 즐기는 놀이 중의 하나다. 장기와 바둑의 차이는 바둑이 조용하고 점잖은 놀이인데 비해서 장기는 활발하고 서민적인 놀이다. 그리고 바둑은 대개 실내에서 두게 되지만 장기는 실외에서 많이 둔다.

2) 놀이의 기원

장기는 기원전 2,000년 무렵부터 인도에서 처음 시작되었다는 설이 있다. 장기에 코끼리의 뜻글자인 '象'이 인도에 있었다고 해서 인도의 영향을 받았다고 보는 견해도 많다. 인도에서 시작된 장기는 여러 나라에 전파되면서 조금씩 변형되었다. 서양으로 퍼져간 것이 '체스'라고 하는 서양장기다.

장기가 중국에서 등장하기 시작한 것은 당나라 말기이며, 중국의 장기는 중국에서 초(楚)나라와 한(漢)나라의 전쟁을 모방하여 만들어졌다. 우리나라에는 중국으로부터 고려 초에 들어왔으며 12세기에 이르러 오늘날의 모습으로 굳어진 것으로 알려져 있다.

조선중기 이전에는 장기를 상희(象戲 : 코끼리 놀이)라 하였으며, 장기는 나이의 많고 적음에 관계없이 언제 어디에서나 한가롭기만 하면 즐길 수 있는 진법놀이로 구경꾼들이 있어 어느 한 편에 훈수를 하기도 한다.

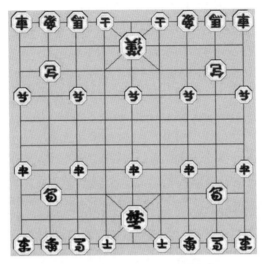

[그림 4-3] 장기판과 장기씨

3) 장기알의 종류

장기알은 왕(王: 楚, 漢)을 비롯하여 차(車), 포(包), 마(馬), 상(象), 사(士)가 두 개씩, 졸(卒)이 다섯 개씩 있어서 한 쪽이 16개로 전부 32개의 장기알로 편성되어 있다.

장기알의 움직이는 규칙은 다음과 같다.

<표 4-2> 장기알의 규칙

구 분	내 용
왕(王: 楚, 漢)	궁성 밖으로 나갈 수 없으며 궁성 안에서만 한 발씩 움직이며 궁성에 들어온 상대편 장기알을 모두 잘을 수 있다.
사(士)	궁성을 호위하는 역할을 담당하며 궁성 안에서만 한 발씩 움직이며 궁성에 들어온 상대편 장기알을 모두 잡을 수 있다.
차(車)	전후좌우 어디든지 일직선으로 가고 싶은 만큼 갈 수 있고 가고자 하는 길에 있는 상대편 장기알을 모두 잡을 수 있다.

구 분	내 용
포(包)	가로세로 직선상에서 장기알을 하나 건너뛰어 마음대로 옮기거나 그 선 위에 있는 상대편 포를 제외하고 상대편 장기알을 모두 잡을 수 있다. 상대편 포는 넘어가거나 잡을 수 없다.
마(馬)	전후좌우 일(日)자 모양으로 움직일 수 있고 먼저 한 발을 가고 다음 칸의 대각선으로 갈 수 있으며, 도착점에 있는 장기알을 잡을 수 있다. 가는 길목에 자기편이나 상대편 말이 놓여 있으면 갈 수 없다.
상(象)	세 칸씩 움직이는데 첫 칸은 직선으로 두 번째와 세 번째 칸은 대각선으로 이동하여 도착점에 있는 상대편 장기알을 모두 잡을 수 있다. 가는 길목에 다른 말이 있으면 진행할 수 없다.
졸(卒, 兵)	졸은 후퇴는 못하고 한 줄씩 앞으로 가거나 옆으로만 가면서 상대편 장기알을 모두 잡을 수 있다.

3) 놀이 방법

경기에 따라 실력 차이가 많으면 '접장기'라 하여 차, 차포 등을 떼고 장기를 두기도 한다. 실력이 비슷하면 다음과 같이 장기를 둔다.

❶ 먼저 잘 두는 사람이나 연장자가 한(漢)을 쥐고 하수나 나이 어린 사람이 초(楚)를 잡는다.

❷ 정해진 곳에 말 16개를 놓는다. 상과 마는 마음대로 위치를 바꿀 수 있다.

❸ 한 번씩 교대로 장기알을 이동한다. 한 번 두면 절대 물리지를 못한다.

❹ 장기를 두다가 잡힌 말은 다시 사용할 수 없저,

❺ 왕을 잡는 사람이 이기게 된다.

❻ 왕을 잡으려는 말이 있을 때는 "장군"이라고 알려주고, 이때 자기의 궁이 잡히지 않도록 방어하면서 "멍군"이라 하며 피한다.

❼ 더 이상 승부가 나지 않으면 무승부로 한다.

4. 승경도놀이

1) 개관

승경도(陞卿圖)놀이는 종이 말판 위에서 누가 가장 먼저 높은 관직에 올라 물러나는가를 겨루는 놀이를 말한다. 승경도는 지역에 따라 쟁경도(爭卿圖), 승정도(陞政圖), 종경도(從卿圖), 종정도(從政圖) 놀이라고도 한다.

승경도 놀이는 윤목(輪木)을 굴려 나온 수대로 말을 이동하여, 최고 관직에 도착했다가 먼저 물러난 사람이 승리한다.

승경도 놀이는 주로 조선시대의 양반 자제나 부녀자들 2~5명이 수시로 하던 놀이지만 특히 정초에 즐겨 하던 실내놀이다.

승경도 놀이는 관직에 올라갈 수 있는 양반 집안에서 과거의 향학열을 자극하고, 벼슬의 이름, 그리고 승진에 대한 지식을 알리고 뜻을 세우는데 사용되었다. 일부에서는 승경도의 승부를 통해 일년의 운세를 점치기도 하였다.

[그림 4-4] 승경도와 윤목

　승경도 놀이는 가족이 공을 세워 이름을 떨치고, 지위가 높아지기를 소망하고 기원하는 의미에서 시작되어 조선시대에 크게 유행하였다.

　말에는 벼슬 관직명이 적혀 있어서 벼슬 승진에 대한 지식을 통하여 양반의 자제들이 어려서부터 벼슬의 관제를 배우고 장차 성장해서 좋은 관리가 되도록 교육하는데 유익한 놀이다. 승경도는 현실 정치에서 일어나는 일들이 현실감 있게 반영되어 있어, 조선시대 관리에 뜻을 둔 사람들에게 인기가 높았다.

　승가(僧家)에는 승경도와 비슷한 성불도(成佛圖)가 있으며, 지옥(地獄)으로부터 대각(大覺)에 이르기까지 윤목에 나무아미타불(南無阿彌陀佛) 여섯 자를 써서 던짐을 따라 옮기며 혹은 올라가고 혹 내려와서 승부를 정한다.

　승경도 놀이는 요즘에는 현대적인 보드게임으로 만들어져서 하고 있다.

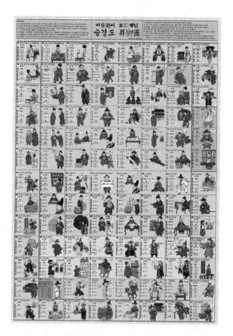

[그림 4-5] 현대적인 승경도 보드게임

3) 놀이 도구

❶ 윤목(輪木)

윤목은 굵은 박달나무를 사용하여 5각형으로 만든다. 크기는 정해진 규격은 없지만 일반적으로 길이 10~20㎝, 굵기 3~5㎝로 가운데를 두껍게 만든다. 모서리에는 1에서 5까지의 눈금을 새겨 이것을 던져 방바닥에 굴려 그 나타난 수에 따라 말판에 두어 간다. 윤목의 수가 많으면 빨리 올라가고, 적으면 늦어진다. 윤목이 없으면 윷이나 주사위를 사용할 수 있다.

❷ 승경도판

가로 80㎝, 세로 120㎝ 내외의 마분지나 창호지에 바둑판처럼 그려 넣는다. 대략 가로 10행, 세로 14행으로 칸을 나누어, 칸의 수는 대략 적게는 80여 칸이며 많은 경우, 300여 칸을 만들어 관직 이름을 넣는다.

관직 밑에 1부터 5까지의 숫자가 적혀 있어 숫자에 따라 승진하거나 사임, 혹은 파직당할 수도 있다.

승경도판은 관직에 입문해서 영의정까지 올라가는 과정에 조선조의 관직이 총망라하기도 하지만, 만드는 사람에 따라 확대하거나 축소하기도 한다. 외곽에는 지방관 및 하급무관직을 넣고 안쪽으로 갈수록 중앙관을 배열한다. 더러는 남는 칸에 놀이 규칙을 써넣기도 한다. 관직 외에 '소인배', '간신배'같은 항목을 넣어 놀이의 재미를 높이기도 한다.

❸ 말

말은 구별이 쉽도록 빛깔로 나타낸다. 말의 색깔은 마음대로 정해도 되지만, 일번적으로 문과 출신은 붉은 말, 무과는 푸른 말, 남행(南行 ; 과거를 거치지 않고 관직에 오를 때)은 누른 말, 군졸은 흰 말, 은일(隱逸 ; 은거하는 학자)은 붉은 테를 두른 누른 말을 쓴다.

4) 놀이 방법

놀이 방법은 말판에 따라 다소 차이가 있으나 일반적으로는 다음과 같다.

❶ 개인 또는 4~10명이 편을 나누어 순서를 정한다.

❷ 먼저 윤목을 굴려 자신의 신분을 결정한다. 신분으로는 문과(文科; 조선시대 문관을 등용하기 위해 실시한 과거)·무과(武科; 조선시대에 무관을 뽑는 과거)·은일(隱逸; 세상을 피하여 숨어 삶)·남행(南行; 조선시대 과거를 거치지 않은 문음자제나 은일지사를 관직에 임명하던 제도), 군졸 등이 있다.

❸ 각자의 신분이 정해지면 윤목을 굴려 나온 수에 따라 말을 이동한다. 문관의 경우 봉조하(奉朝賀)까지, 무관의 경우 도원수(都元帥)까지 올라가서 은퇴하면 놀이가 끝나게 된다.

❹ 말을 옮겨가는 도중에 중요한 관직에 오르면 그 관직이 지니고 있는 권한을 행사할 수 있다.

예를 들면 관리들을 법적으로 통제하고 규율을 세우는 기관인 사헌부나 사간원의 벼슬자리에 오르면 그 사람이 지정하는 말들은 자기 자리에서 움직이지 못하게 할 수 있고, 홍문관(弘文館; 조선시대에 궁중의 경서·사적의 관리, 문한의 처리 및 왕의 자문에 응하는 일을 맡아보던 관청)의 되면 자기보다 앞서 높은 관직에 오른 이들을 파면시킬 수 있다.

❺ 말이 이동하다 유배나 사약을 받는 경우도 있는데, 유배의 경우에는 다음 나온 수에 따라 방면되기도 하고, 사약을 받는 경우는 경기에서 탈락한다.

5. 화투놀이

1) 개관

화투놀이는 열두 달을 상징하는 화초의 그림 짝을 맞추어 끗수를 다투는 놀이로 오락이나 노름할 때 사용한다. 화투는 꽃의 싸움이라는 뜻으로 화투는 우리나라 고유의 노름이 아니다.

화투놀이로 많이 하는 것은 고스톱, 민화투, 육백, 운떼기 등이 있다.

2) 놀이의 기원

화투에 관한 명칭이나 기원은 정확하지는 않지만, 대체로 포르투갈의 '카르타(carta)놀이'가 일본과의 무역할 때 전해져, 일본의 카드놀이인 하나후다(花札)가 된 것으로 알려져 있다.

우리나라에 전파된 것은 조선조 말엽과 일제강점기에 일본 쓰시마섬(對馬島)의 상인들이 장사 차 우리나라에 내왕하면서 퍼뜨린 것으로 여겨진다. 이 오락은 일본인이 통치수단으로 한국인의 정신을 망치려는 의도로 화투를 보급시켰다고 한다.

초기의 화투는 일본 하나후다와 비슷한 것을 사용하다가 화투패의 그림이 너무 일본풍이라는 이유로 1950년대부터 오늘날의 화투가 만들어졌다.

화투는 현재 가족이나 친구들이 만나면 가장 대중적으로 이용되는 놀이도구이며 도박의 도구가 되었다.

3) 화투

화투는 1년 열두 달을 상징하는 화초 그림이 각각 넉 장씩 있으며, 전부 48장으로 이루어졌다.

화투는 광(光)자가 쓰여져 있는 20끗 짜리가 5장, 10끗 짜리 9장, 5끗 짜리 10장, 그리고 숫자로 쓰이지 않는 껍데기 24장 등 4가지로 나뉜다.

1년 열두 달을 상징하는 그림은 1월은 솔, 2월은 매화, 3월은 벚꽃, 4월은 흑싸리, 5월은 난초, 6월은 모란, 7월은 홍싸리, 8월은 공산(空山), 9월은 국화, 10월은 단풍, 11월은 오동(桐), 12월은 비(雨)가 그려져 있다.

[그림 4-6] 화투

4) 놀이 방법

❶ 고스톱

고스톱은 도박성이 강한 놀이가 되어 청장년층에서 성행하고 있다. 다른 화투놀이는 껍질의 필요성이 적은 반면에 고스톱은 '피'도 점수가 되어 중요하다. 약과 점수의 종류는 다음과 같다.

<표 4-3> 약의 종류

약의 종류	내 용	점수	비 고
고도리	2자, 4자, 8자의 10끗 3장	5	
홍단	일, 이, 삼의 띠 3장	3	
청단	육, 구, 십의 띠 3장	3	
초단	사, 오, 칠의 띠 3장	3	
3광	광 3장	3	비광이 끼면 2점
4광	광 4장	4	
5광	일, 삼, 팔, 똥, 비 광 5장	15	
10피	피 10장	1	피 1장 추가 시 1점 더함
5열	10끗짜리 5장	1	10끗 1장 추가 시 1점 더함
5띠	5끗짜리 5장	1	5끗 1장 추가 시 1점 더함

· 고스톱은 2~6인까지 칠 수 있으나, 보통 3명이 하고 나머지는 광을 판다.
· 먼저 점당 돈을 정한다. 예를 들면 점당 100원이면, 3점이 나서 스톱이 되면 진 사람은 300원씩을 이긴 사람에게 준다.
· 선을 뽑는다. 화투를 한 장씩 뽑아서 '밤일낮장(밤에는 낮은 순서로, 낮에는 높은 순)으로 선을 가른다.
· 선은 화투를 섞어서 선의 왼쪽에 있는 사람이 적당히 떼어서 놓고 나머지는 나누어 준다.
· 6장을 바닥에 깔고, 개인별로 7장씩을 나누어 주고 나머지는 그림이 보이

지 않게 뒤집어 바닥패로 놓는다.

· 선은 무조건 쳐야 하며, 선의 오른쪽 순으로 패를 받은 사람 중에서 패가 나쁜 사람은 게임을 포기하고 최종적으로 3인이 친다.

· 순서가 빠른 사람이 친다고 하면, 남은 다른 사람들은 패 중에서 광이나 약이 있으면 팔 수 있다. 광은 1점, 약은 점수대로 판다.

· 놀이에 참여하는 사람 중에 같은 그림이 3장이 들어 오면 치기 전에 보여주고 '흔들었다'고 하고 점수가 나면 점수의 2배를 받는다. 같은 그림 3장이 들어와도 알려주지 않으면 그냥 지나간다.

· 우선 가지고 있던 패 중에서 그림이 같은 패를 먹고 바닥패를 뒤집어서 같은 패를 먹는다.

·이때 먹은 패와 같은 그림을 까게 되면 '뻑'이라 하여 그 사람이 먹지 못하고, 그 패를 까거나 가지고 있는 사람이 먹는다. 첫 패에서 '뻑'을 하면 '첫뻑'이라 하여 일정액의 돈을 받는다. '뻑'을 먹을 때는 다른 사람의 피를 한 장씩을 받는다.

· 놀이를 하다 껍질로 3점 이상, 광으로 3점 이상, 모두 합쳐서 3점 이상이 나면 스톱을 할 수 있는데, 이때 상대가 껍질을 6장 이상 따지 못했을 경우, 또는 광으로 점수를 냈는데 상대가 광을 먹지 못했을 때 바가지를 쓰는데, 이때는 2배의 점수를 주어야 한다.

· 놀이를 할 때 서로 짜고 하는 것을 방지하기 위하여 다음 사람에게 점수가 날 수 있는 패를 냈을 때를 '독박'이라고 말하고 다른 사람이 줄 점수까지 주어야 한다.

· 패를 낼 때 상대방 2명에게 점수가 날 수 있는 패를 가지고 있을 때는 '쇼당'을 걸 수 있다. 이때 2명이 다 받으면 게임을 중지하게 되고, 1명은 받고 1명은 받지 않는다면 받는다는 사람에게 유리한 패를 준다. 그래서 '쇼당'패를 받은 사람이 이기면 받지 않은 사람이 같이 점수대로 물어준다. 안 받은 사람이 점수가 되면 점수대로 물어줘야 한다.

· 자기가 점수가 나서 '고'를 하였는데 다른 사람이 점수를 났을 때 '고독박'을 쓴다. '고독박'을 쓰면 다른 사람의 것도 물어준다. 예를 들면 3점 났으면 상대방의 3점도 같이 6점을 물어줘야 한다.

· 일단 3점이 났어도 더 많은 점수를 얻을 수 있으면 고를 할 수 있는데, 한번 고를 하면 1점을 보탠 점수를 합산한다. 고를 세 번 하면 '쓰리고'라 하여 딴 점수의 두 배를 받는다.

· 자기가 점수를 났지만 다른 사람도 점수를 날 수 있는 확률이 크면 놀이를 끝내는데 이때 '스톱'이라고 말하고 놀이를 멈추고 점수를 계산한다.

· 10끗짜리 7장으로 3점을 났을 때를 '멍따'라고 말하며 2배의 점수를 받는다.

· 모든 패를 뒤집었어도 점수가 나지 못하면 '나가리'라고 하며 다음 판에 2배로 한다.

· 이긴 사람은 점수를 계산한다. 점수에 따라 정한 액수의 돈을 받는다.

· 구 10끗짜리, 똥 10끗, 비껍질은 '쌍피'라고 하며 껍질 2장으로 쳐준다. 단 구 열끗은 10끗짜리 혹은 쌍피로도 사용할 수 있다.

· 상황에 따라 여벌 화투패를 넣고 쌍피라고 부르며, 쌍피를 내려놓거나 바닥 패에서 나오면 피 한 장씩을 받는다.

❷ 민화투

민화투는 월별로 그림을 맞추어 끗수를 전부 합하여 점수를 많이 딴 쪽이 이기는 놀이다. 민화투는 가장 오래되고 익히기 쉬운 화투놀이로 늘화투라고도 부른다.

광은 20점(5장), 10끗은 10점(9장), 띠는 5점(10장)으로 하여, 총 240점으로 구성되어 있다.

· 2~5명이 같이 한다.

· 한 사람이 선을 잡고 패를 섞는다.

· 선의 왼쪽에 있는 사람이 적당히 떼어서 놓는다.

· 선은 떼어서 놓은 화투를 화투 밑에 넣고 화투를 나눈다.

· 2인이 할 때는 각자 10장씩 주고 8장을 바닥에 깔며, 3인이 할 때는 각자 7장씩 주고 바닥에 6장을 깔며, 4인이 할 때는 각자 5장씩 주고 바닥에 8장을 깔며, 5인이 할 때는 각자 4장씩 주고 바닥에 8장을 깐다.

· 선부터 같은 그림의 화투에 치고 바닥패에서 한 장을 까서 그림이 같은 것을 가져온다. 이때 같은 그림의 화투가 없으면 가장 낮은 패를 한 장 놓고 바닥패를 뒤집는다.

· 마지막까지 모두 치고 나서 각자 점수를 계산한다. 놀이하는 사람의 숫자에 따라 기본적으로 먹어야 할 점수가 있다. 이것은 '본전'이라 하고 2인이면 120점, 3인이면 80점, 4인이면 60점, 5인이면 50점을 따야 한다. 이때 점수가 가장 많은 쪽이 이긴다.

<표 4-4> 약의 점수

약의 종류	내 용	점수
홍단	일월, 이월, 삼월의 띠 3장	30
청단	육월, 구월, 십월의 띠 3장	30
초약	오월의 난초 4짝	40
비약	십이월의 비 4짝	20
풍약	시월의 풍 4짝	20

· 홍단, 청단을 하게 되면 약을 한 사람에게 30점을 줘야 한다. 초약, 풍약, 비약을 하게 되면 약을 한 사람에게 20점을 줘야 한다.

제5장

전통놀이를 활용한 전통체육

1. 태극주머니

1) 개관

태극주머니는 한국의 전통놀이인 구슬치기의 장점과 단점을 분석하여 장점은 살리고, 단점을 보완하였으며, 컬링의 재미적인 요소와 운동 효과를 추가하여 현대적으로 변형하여 만들어졌다.

태극주머니의 장점은 실내와 야외 어디서나, 특별한 능력이 없어도 남녀노소 누구나 즐길 수 있는 생활체육이다.

2) 원리

태극주머니의 원리를 보면 다음과 같다.

❶ 태극주머니는 한국의 전통놀이인 구슬치기에서 경기 규칙을 가져왔으며, 점수 집게 방법은 컬링에서 가져왔으며, 양궁에서 힌트를 얻어 태극주머니 점수판을 만들었다.

❷ 구슬치기는 공을 구멍에 넣는 것이 어렵기 때문에, 특별한 훈련이 없이도 참여할 수 있도록 넓은 점수판을 만들어 쉽게 굴릴 수 있도록 만들었다.

❸ 태극주머니는 구슬치기의 콩주머니를 던져서 점수판에 던져 넣는 것만으로 판정하는데서 벗어나 점수판의 점수를 계산하도록 만들었다.

❹ 구슬치기는 한손으로만 던지는 방식이지만 태극주머니는 양손으로 던지도록 경기규칙을 만들었다.

❺ 태극주머니는 남녀노소 누구나 실내나 좁은 실내에서도 할 수 있도록 만들었다.

❻ 태극주머니는 개인경기는 물론 단체 경기가 가능하도록 만들었다.

❼ 구슬치기는 놀이적 요소가 강하지만 태극주머니는 운동적인 요소를 가미

하여, 태극주머니를 함으로서 건강을 높일 수 있도록 만들었다.

❽ 태극주머니는 한국 사회체육이 활성화되는데 기여하도록 만들었다.

❾ 태극주머니는 노인들의 치매를 예방하는데 효과적인 운동으로 만들었다.

❿ 태극주머니의 용구와 경기 방법은 안전을 우선으로 고려하여 만들었다.

3) 놀이 도구

❶ 점수판

점수판은 콩주머니가 잘 굴러 갈수 있도록 하였으며, 크기는 가로 100cm, 세로 100cm로 먼 거리에서도 충분하게 식별이 가능하도록 만들었다.

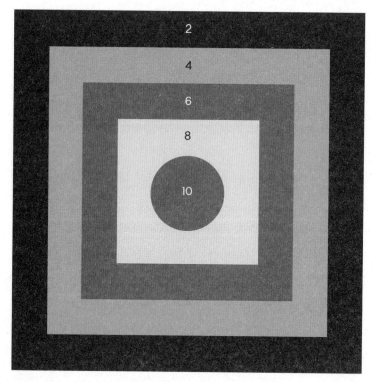

[그림 5-1] 점수판

· 점수판의 구조

점수판은 4개의 정사각형과 가운데 태극 문양으로 되어 있다. 2점은 길이 100cm~80cm 크기로 검은색, 4점은 길이 100cm~80cm로 하늘색, 6점은 길이 80cm~60cm로 빨강색, 8점은 길이 60cm~40cm로 노랑색, 10점은 지름 40cm로 태극 문양으로 되어 있다.

· 점수 체계

점수판은 1~10의 10개의 점수체계를 부여하였으며, 위에서 보았을 때 콩주머니의 위치에 있는 점수를 부여한다. 콩주머니가 외곽선에 닿으면 해당 점수에서 1점씩 감해서 계산한다.

· 점수판 설치 방법

점수판은 연령에 따라 선수의 발 앞쪽으로부터 초·중·고등학생·65세 이상 노인은 2m 앞, 성인은 3m앞 바닥에 펼쳐서 설치한다. 거리는 초·중·고등학생·65세 이상 노인은 점수판을 발 앞쪽으로 2배를 재서 설치하고, 성인은 점수판을 발 앞쪽으로 3배를 재서 설치한다.

❷ 콩주머니

[그림 5-2] 콩주머니

콩주머니는 가로 4cm 세로 4cm로 파랑색과 흰색의 2가지 색으로 되어 있다. 콩주머니의 재질은 천으로 만들었으며, 안에는 콩이나 견과류의 껍질로 만들었다.

❸ 점수 기록표

점수 기록표는 선수들의 경기를 진행할 때마다 점수를 정확하게 기록하여 순위와 등위를 기록한다.

<표 5-1> 개인전 점수 기록표

No :		소속 :			심판 성명 :			(인)	
번호	성명	구분	1회	2회	3회	4회	합계	합산 점수	순위
선수 1		왼손							
		오른손							
선수 2		왼손							
		오른손							
선수 3		왼손							
		오른손							
선수 4		왼손							
		오른손							

6) 진행 방법

❶ 콩주머니 잡는 방법

콩주머니는 정확하게 던지기 위해서는 왼손잡기, 오른손잡기가 있다.

❷ 던지는 자세

· 서서 던지기

– 정면형

정면 자세는 조준선에서 양 발을 어깨 넓이로 벌리고 던지는 손을 눈 앞으로 놓고 반대 손은 자연스럽게 내리고 편안하게 한다.

– 측면형

측면 자세는 조준선의 90° 방향으로 양 발을 어깨넓이로 측면으로 던지는 것을 말한다.

· 의자나 휠체어에 앉아 던지기

서 있기가 어려운 사람은 의자에 앉아서 하거나 휠체어에 앉아서 던지는 자세를 말한다.

– 정면형

정면 자세는 던지는 자리에서 반듯하게 오른 무릎이나 왼 무릎을 오른쪽 무릎은 땅에 대고 반대편은 세운 채 앉는 것을 말한다.

– 측면형

측면 자세는 90도 각도, 측면자세로 오른 무릎이나 왼 무릎을 오른쪽 무릎은 땅에 대고 반대편은 세운 채 앉는 것을 말한다.

7) 경기 방법

❶ 개인전

– 개인전은 10명 이하의 선수가 참여할 때 사용한다.

– 서로 가위·바위·보로 콩주머니 던지는 순서를 결정한다.

– 먼저 콩주머니를 던지기로 결정된 선수는 콩주머니를 왼손으로 4회, 오른손으로 4회를 점수판을 향해 던진다.

– 심판은 점수판에 들어온 콩주머니의 수를 기록한다.

– 순서대로 선수는 콩주머니를 왼손으로 4회, 오른손으로 4회를 점수판을

향해 던진다.

- 심판은 선수 별로 점수판에 들어온 콩주머니의 점수를 기록한다.
- 심판이 점수를 판정하면 선수는 자신이 던진 콩주머니를 회수한다.
- 가장 높은 점수를 받은 선수가 승리하는 것으로 한다.

❷ 단체전

- 한 팀은 4명으로 구성한다.
- 각 팀의 대표는 가위·바위·보로 콩주머니 던지는 순서를 결정한다.
- 먼저 콩주머니를 던지기로 결정된 팀에서 첫 번째 선수부터 콩주머니를 왼손으로 2회, 오른손으로 2회를 점수판을 향해 던진다.
- 나중에 던지기로 결정된 팀에서 첫 번째 선수부터 콩주머니를 왼손으로 2회, 오른손으로 2회를 점수판을 향해 던진다. 이때 상대편이 던진 콩주머니를 밀어낼 수 있다.
- 같은 방법으로 모든 선수가 콩주머니를 모두 던지면 경기가 종료된다.
- 심판은 점수판에 들어온 콩주머니의 수를 기록하여 가장 높은 점수를 받은 팀이 이기는 것으로 한다.

2. 태극투호

1) 개관

태극투호(太極投壺; Kaigeug Tooho)는 양손으로 화살을 화살통을 향해 던져서 점수를 매기는 운동을 말한다. 태극투호는 한국의 전통놀이인 투호의 장점과 단점을 분석하여 장점은 살리고, 단점을 보완하여, 다트의 재미적인 요소와 운동 효과를 현대적으로 변형하여 만들어졌다.

태극투호의 장점은 실내와 야외 어디서나, 특별한 능력이 없어도 남녀노소 누구나 즐길 수 있는 생활체육이다.

2) 원리

태극투호는 명절날이나 전통에 관련된 곳에 가면 쉽게 볼 수 있는 투호에서 아이디어를 얻었다.

투호가 하는 방법이 단지에 넣는 간단한 놀이 방법 때문에 지속적으로 하기 어렵고, 단지의 입구가 작아서 넣기 어렵기 때문에 대중화가 잘 되지 못하는 것에 착안하여 재미적인 요소와 운동의 장점들을 접목하여 만들었다.

3) 놀이 도구

❶ 화살통

화살통의 재료는 프라스틱이며, 크기는 가로 31.5cm. 세로 28cm, 높이 8.5cm로 되어있으며 이물질이 들어가는 것을 막기 위해서 뚜껑으로 덮여 있다.

· 화살통의 구조

화살통은 15개의 공간으로 구성되어 있으며 가장 가운데는 10점, 주변으로 9점, 8점, 7점, 6점, 5점, 4점, 3점, 2점, 1점 순으로 되어 있다.

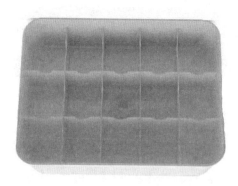

[그림 5-3] 화살통

· 화살통 설치 방법

화살통은 선수의 발 앞쪽으로 부터 초·중·고등학생은 2m 앞에, 성인은 2.5m 앞에 바닥에 펼쳐서 설치한다.

❷ 화살

화살의 앞은 안전을 위해서 고무로 되어 있고, 뒤에는 나무로 구성되어 있다. 화살의 크기는 15cm이다.

[그림 5-4] 화살

❸ 점수 기록표

점수 기록표는 선수들의 경기를 진행할 때마다 점수를 정확하게 기록하여 순위와 등위를 기록한다.

<표 5-2> 점수 기록표

태극투호 점수 기록표

번호	성명	구분	1회	2회	3회	4회	5회	합계	합산 점수	순위
No :	소속 :		심판 성명 :			(인)				
선수 1		왼손								
		오른손								
선수 2		왼손								
		오른손								
선수 3		왼손								
		오른손								
선수 4		왼손								
		오른손								
선수 5		왼손								
		오른손								
선수 6		왼손								
		오른손								
선수 7		왼손								
		오른손								
선수 8		왼손								
		오른손								

6) 진행 방법

❶ 화살 잡는 방법

화살은 정확하게 던지기 위해서는 엄지와 반대편에는 3개의 손가락을 이용하여 잡는 것이 좋다.

❷ 던지는 자세

· 서서 던지기

　– 정면형

정면 자세는 양 발을 어깨 넓이로 벌리고 던지는 손을 눈 앞으로 놓고 반대 손은 자연스럽게 내리고 편안하게 한다.

　– 측면형

측면 자세는 90도 각도, 측면자세로 양 발을 어깨넓이로 투구하는 손은 눈 앞에서 조준을 하고 편안한 자세를 유지한다.

· 무릎 앉아 던지기

무릎 앉아 던지기는 왼쪽이나 오른 쪽 무릎을 끊은 상태에서 던지는 자세를 말한다.

　– 정면형

정면 자세는 던지는 자리에서 반듯하게 오른 무릎이나 왼 무릎을 오른쪽 무릎은 땅에 대고 반대편은 세운 채 앉는 것을 말한다.

　– 측면형

측면 자세는 90도 각도, 측면자세로 오른 무릎이나 왼 무릎을 오른쪽 무릎은 땅에 대고 반대편은 세운 채 앉는 것을 말한다.

7) 경기 방법

❶ 개인전

· 개인전은 10명 이하의 선수가 참여할 때 사용한다.

· 서로 가위·바위·보로 화살 던지는 순서를 결정한다.

· 선수는 오른손으로 5회, 왼손으로 5회 등 총 10회를 던진다.

· 심판은 선수 별로 화살통에 들어온 화살의 점수를 기록한다.

· 심판이 점수를 판정하면 선수는 자신이 던진 화살을 회수한다.

· 가장 높은 점수를 받은 선수가 승리하는 것으로 한다.

❷ 단체전
· 한 팀은 4명으로 구성한다.
· 각 팀의 대표는 가위·바위·보로 화살 던지는 순서를 결정한다.
· 선수는 오른손으로 5회, 왼손으로 5회 등 총 10회를 던진다.
· 심판은 선수 별로 화살통에 들어온 화살의 점수를 기록한다.
· 심판이 점수를 판정하면 선수는 자신이 던진 화살을 회수한다.
· 가장 높은 점수를 받은 팀이 승리하는 것으로 한다.

3. 태극비석치기

1) 개관

태극비석치기는 한국의 전통놀이인 비석치기의 장점과 단점을 분석하여 장점은 살리고, 단점을 보완하였으며, 경기적인 요소와 운동 효과를 추가하여 현대적으로 변형하여 만들었다.

태극비석치기의 장점은 실내와 야외 어디서나, 특별한 능력이 없어도 남녀노소 누구나 즐길 수 있는 생활체육이다.

2) 원리

태극비석치기의 원리를 보면 다음과 같다.

❶ 태극비석치기는 한국의 전통놀이인 비석치기에서 경기 규칙을 가져왔으며, 하프게임과 풀게임을 만들었다.

❷ 태극비석치기는 난이도에 따라 22가지 놀이방법을 만들었다.

❸ 태극비석치기는 팀을 만들어 가장 먼저 정해진 방법을 모두 해결하는 팀이 이기는 것으로 하였다.

❹ 태극비석치기는 남녀노소 누구나 실내나 좁은 실내에서도 할 수 있도록 만들었다.

❺ 태극비석치기는 운동적인 요소를 가미하여, 태극비석치기를 함으로서 건강을 높일 수 있도록 만들었다.

❻ 태극비석치기는 개인경기는 물론 단체 경기가 가능하도록 만들었다.

❼ 태극비석치기는 한국 사회체육이 활성화되는데 기여하도록 만들었다.

❽ 태극비석치기는 노인들의 치매를 예방하는데 효과적인 운동으로 만들었다.

❾ 태극비석치기의 용구와 경기 방법은 안전을 우선으로 고려하여 만들었다.

3) 경기 방법

❶ 개인전
· 개인전은 10명 이하의 선수가 참여할 때 사용한다.
· 1팀은 2~5명으로 할 수 있다.
· 먼저 공간의 크기나 난이도에 따라 3m의 거리를 두고 두 개의 선을 긋는다.
· 서로 가위·바위·보로 이기는 팀이 공격을 하고 지는 팀은 수비를 한다.
· 수비하는 편은 바닥에 일정한 간격을 두고 나란히 비석을 세운다.
· 공격하는 편은 출발선에서 차례로 자신의 비석을 던져서 상대의 비석을 맞혀 쓰러뜨린다.
· 단계별로 오른쪽 왼쪽으로 하게 되어 있는 경우에는 자신 있는 쪽 한 가지만 선택해서 던진다.
· 심판은 개인별로 비석을 넘어뜨린 대로 점수를 1점씩 기록한다.
· 심판이 점수를 판정하면 선수는 자신이 던진 비석을 회수한다.
· 비석을 쓰러뜨리지 못한 선수는 실격된다.
· 비석을 쓰러뜨린 선수는 경기를 계속 진행한다.
· 가장 높은 점수를 받은 선수가 승리하는 것으로 한다.

❷ 단체전
· 개인전은 10명 이상의 선수가 참여할 때 사용한다.
· 1팀은 4명으로 한다.
· 먼저 공간의 크기나 난이도에 따라 3m의 거리를 두고 두 개의 선을 긋는다.
· 서로 가위·바위·보로 이기는 팀이 공격을 하고 지는 팀은 수비를 한다.
· 수비하는 편은 바닥에 일정한 간격을 두고 나란히 비석을 세운다.
· 공격하는 편은 출발선에서 차례로 자신의 비석을 던져서 상대의 비석을 맞

혀 쓰러뜨린다.

· 단계별로 오른쪽 왼쪽으로 하게 되어 있는 경우에는 자신 있는 쪽 한 가지만 선택해서 던진다.

· 비석을 쓰러 뜨지 못하거나 실격을 당하면 다음 사람에게 기회가 넘어 간다.

· 비석을 모두 넘어뜨리면 그 다음 단계로 넘어가서 계속 비석치기를 할 수 있다.

· 세워진 비석이 한 개라도 남아 있거나, 더 이상 던질 사람이 없으면 공격편은 수비를 하고, 수비 편이 공격을 하게 된다.

· 단계는 1, 3, 4, 5, 6, 8, 9, 13, 14, 17번 등 10단계를 한다.

· 가장 빨리 17단계까지 도착한 팀이 이기는 것으로 한다.

4) 비석 던지는 방법

● 막 던지기

❶ 수비 편이 출발선에서 3m의 거리를 두고 선을 긋는다.

❷ 수비 편이 선에 비석을 세운다.

❸ 공격 편이 순서에 맞게 비석을 던져 세워진 비석을 쓰러뜨린다.

[그림 5-5] 막 던지기

● 한 번 뛰어 던지기

❶ 수비 편이 선에 비석을 세운다.

❷ 공격 편은 순서대로 출발선에서 비석을 한 걸음으로 뛰어 갈 수 있는 거리에 던져 놓는다.

❸ 비석을 던진 공격 편은 한 걸음 뛰어서 비석을 밟는다. 이때 밟지 못하면 실격이 된다.

❹ 공격 편은 발로 밟은 비석을 주워 한 발로 서서 비석을 던져 세워진 비석을 쓰러뜨린다.

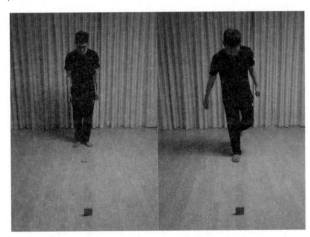

[그림 5-6] 한 번 뛰기

● 두 번 뛰어 던지기

❶ 수비 편이 선에 비석을 세운다.

❷ 공격 편은 순서대로 출발선에서 비석을 두 걸음으로 뛰어 갈 수 있는 거리에 던져 놓는다.

❸ 비석을 던진 공격 편은 두 걸음 뛰어서 비석을 밟는다. 이때 밟지 못하면 실격이 된다.

❹ 공격 편은 발로 밟은 비석을 주워 한 발로 서서 비석을 던져 세워진 비석

을 쓰러뜨린다.

● 세 번 뛰어 던지기

❶ 수비 편이 선에 비석을 세운다.

❷ 공격 편은 순서대로 출발선에서 비석을 세 걸음으로로 뛰어 갈 수 있는 거리에 던져 놓는다.

❸ 비석을 던진 공격 편은 세 걸음 뛰어서 비석을 밟는다. 이때 밟지 못하면 실격이 된다.

❹ 공격 편은 발로 밟은 비석을 주워 한 발로 서서 비석을 던져 세워진 비석을 쓰러뜨린다.

● 발등치기

❶ 수비 편이 선에 비석을 세운다.

❷ 공격 편은 오른쪽 발 등위에 비석을 올리고 수비 편의 비석까지 떨어뜨리지 않고 걸어간다.

❸ 수비 편의 비석 위에서 비석을 떨어뜨려 상대방의 비석을 쓰러뜨린다.

❹ 비석이 쓰러지면 같은 방법으로 왼쪽 발 등위에 비석을 올리고 수비 편의 비석까지 떨어뜨리지 않고 걸어간다.

❻ 비석을 떨어뜨려 상대방의 비석을 쓰러뜨린다.

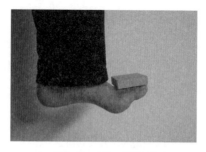

[그림 5-7] 발등치기

● 발치기

❶ 수비 편이 선에 비석을 세운다.

❷ 공격 편은 양쪽 발 사이에 비석을 끼운 다음 토끼처럼 깡충깡충 뛰어가서 수비 편의 비석 위에 선다.

❸ 수비 편의 비석 위에서 자신의 비석을 날려 상대방의 비석을 쓰러뜨린다.

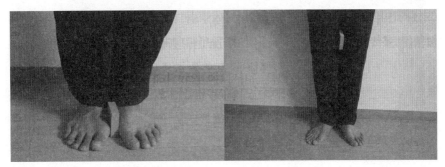

[그림 5-8] 발치기   [그림 5-9] 무릎치기

● 무릎치기

❶ 수비 편이 선에 비석을 세운다.

❷ 공격 편은 비석을 무릎 안쪽에 끼우고 종종걸음으로 앞으로 가서 수비 편의 비석 위에 선다.

❸ 수비 편의 비석 위에서 비석을 떨어뜨려 상대방의 비석을 쓰러뜨린다.

● 가랑이치기

❶ 수비 편이 선에 비석을 세운다.

❷ 공격 편은 비석을 허벅지 안쪽에 끼우고 종종걸음으로 앞으로 가서 수비 편의 비석 위에 선다.

❸ 수비 편의 비석 위에서 비석을 떨어뜨려 상대방의 비석을 쓰러뜨린다.

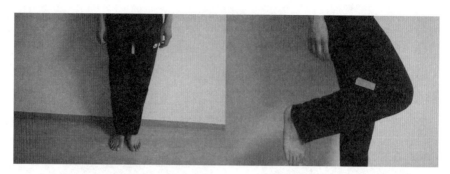

[그림 5-10] 가랑이치기   [그림 5-11] 오금치기

● 오금치기

❶ 수비 편이 선에 비석을 세운다.

❷ 공격 편은 오른쪽 다리 오금 사이에 비석을 올리고 수비 편의 비석까지 떨어뜨리지 않고 걸어간다.

❸ 수비 편의 비석 위에서 비석을 떨어뜨려 상대방의 비석을 쓰러뜨린다.

❹ 비석이 쓰러지면 같은 방법으로 왼쪽 다리 오금 사이에 비석을 올리고 수비 편의 비석까지 떨어뜨리지 않고 걸어간다.

❻ 비석을 떨어뜨려 상대방의 비석을 쓰러뜨린다.

● 손등치기

❶ 수비 편이 선에 비석을 세운다.

❷ 공격 편은 오른쪽 손등 위에 비석을 올리고 수비 편의 비석까지 떨어뜨리지 않고 걸어간다.

❸ 수비 편의 비석 위에서 비석을 떨어뜨려 상대방의 비석을 쓰러뜨린다.

❹ 비석이 쓰러지면 같은 방법으로 왼쪽 손등 위에 비석을 올리고 수비 편의 비석까지 떨어뜨리지 않고 걸어간다.

❻ 비석을 떨어뜨려 상대방의 비석을 쓰러뜨린다.

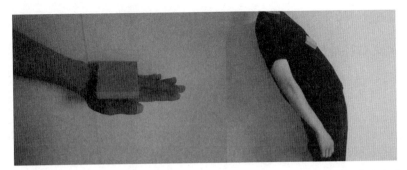

[그림 5-12] 손등치기   [그림 5-13] 배꼽치기

● 배꼽치기

❶ 수비 편이 선에 비석을 세운다.

❷ 공격 편은 비석을 배꼽 위에 올려놓고 앞으로 가서 수비 편의 비석 위에 선다.

❸ 수비 편의 비석 위에서 비석을 떨어뜨려 상대방의 비석을 쓰러뜨린다.

● 알통치기

❶ 수비 편이 선에 비석을 세운다.

❷ 공격 편은 오른쪽 손 알통 위에 비석을 올리고 수비 편의 비석까지 떨어뜨리지 않고 걸어간다.

❸ 수비 편의 비석 위에서 비석을 떨어뜨려 상대방의 비석을 쓰러뜨린다.

❹ 비석이 쓰러지면 같은 방법으로 왼쪽 손 알통 위에 비석을 올리고 수비 편의 비석까지 떨어뜨리지 않고 걸어간다.

❻ 비석을 떨어뜨려 상대방의 비석을 쓰러뜨린다.

[그림 5-14] 알통치기   [그림 5-15] 겨드랑이치기

● 겨드랑이치기

❶ 수비 편이 선에 비석을 세운다.

❷ 공격 편은 오른쪽 겨드랑이 사이에 비석을 끼우고 가서 수비 편의 비석까지 걸어간다.

❸ 수비 편의 비석 위에서 비석을 떨어뜨려 상대방의 비석을 쓰러뜨린다.

❹ 비석이 쓰러지면 같은 방법으로 왼쪽 겨드랑이 사이에 비석을 끼우고 가서 수비 편의 비석까지 걸어가 비석을 떨어뜨려 상대방의 비석을 쓰러뜨린다.

● 어깨치기

❶ 수비 편이 선에 비석을 세운다.

❷ 공격 편은 오른쪽 어깨 위에 비석을 올리고 수비 편의 비석까지 떨어뜨리지 않고 걸어간다.

❸ 수비 편의 비석 위에서 비석을 떨어뜨려 상대방의 비석을 쓰러뜨린다.

❹ 비석이 쓰러지면 같은 방법으로 왼쪽 어깨 위에 비석을 올리고 수비 편의 비석까지 떨어뜨리지 않고 걸어간다.

❻ 비석을 떨어뜨려 상대방의 비석을 쓰러뜨린다.

[그림 5-16] 어깨치기   [그림 5-17] 목치기

● 목치기

❶ 수비 편이 선에 비석을 세운다.

❷ 공격 편은 오른쪽 목과 어깨 사이에 끼우고 수비 편의 비석까지 걸어간다.

❸ 수비 편의 비석 위에서 비석을 떨어 뜨려 상대방의 비석을 쓰러뜨린다.

❹ 비석이 쓰러지면 같은 방법으로 왼쪽 목과 어깨 사이에 끼우고 수비 편의 비석까지 걸어가 비석을 떨어뜨려 상대방의 비석을 쓰러뜨린다.

● 얼굴치기

❶ 수비 편이 선에 비석을 세운다.

❷ 공격 편은 오른쪽 뺨에 비석을 올리고 가서 수비 편의 비석까지 걸어간다.

❸ 수비 편의 비석 위에서 비석을 떨어 뜨려 상대방의 비석을 쓰러뜨린다.

❹ 비석이 쓰러지면 같은 방법으로 왼쪽 뺨에 비석을 올리고 가서 수비 편의 비석까지 걸어가 비석을 떨어뜨려 상대방의 비석을 쓰러뜨린다.

 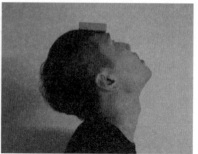

[그림 5-18] 얼굴치기   [그림 5-19] 이마치기

● 이마치기

❶ 수비 편이 선에 비석을 세운다.

❷ 공격 편은 비석을 이마 위에 올려놓고 앞으로 가서 수비 편의 비석 위에 선다.

❸ 수비 편의 비석 위에서 인사를 하듯이 머리를 숙여서 비석을 떨어뜨려 상대방의 비석을 쓰러뜨린다.

● 등치기

❶ 수비 편이 선에 비석을 세운다.

❷ 공격 편은 비석을 등 위에 올려놓고 앞으로 가서 수비 편의 비석 위에 선다.

❸ 수비 편의 비석 위에서 비석을 떨어 뜨려 상대방의 비석을 쓰러뜨린다.

[그림 5-20] 등치기   [그림 5-21] 머리치기

● 머리치기
❶ 수비 편이 선에 비석을 세운다.
❷ 공격 편은 비석을 떡장수처럼 머리에 이고 앞으로 가서 수비 편의 비석 위에 선다.
❸ 수비 편의 비석 위에서 비석을 떨어뜨려 상대방의 비석을 쓰러뜨린다.

● 한 번 뛰어 밀어치기
❶ 수비 편이 선에 비석을 세운다.
❷ 공격 편은 순서대로 출발선에서 비석을 한 발로 뛰어갈 수 있는 거리에 던져 놓는다.
❸ 비석을 던진 공격 편은 한 걸음 뛰어서 비석을 밀어치기 쉬운 곳에 멈춘다.
❹ 공격 편은 한 발로 서서 발로 비석을 2번을 밀어 세워진 비석에 가까이 간다. 이때 비석까지 한 걸음 뛰어서 도달하지 못하면 실격하게 된다.
❺ 마지막으로 비석을 밀어 차서 쓰러뜨린다.

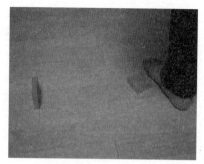

[그림 5-22] 한 번 뛰어 밀어치기

● 두 번 뛰어 밀어치기

❶ 수비 편이 선에 비석을 세운다.

❷ 공격 편은 순서대로 출발선에서 비석을 두 걸음으로 뛰어갈 수 있는 거리에 던져 놓는다.

❸ 비석을 던진 공격 편은 두 걸음 뛰어서 비석을 밀어 치기 쉬운 곳에 멈춘다.

❹ 공격 편은 한 발로 서서 발로 비석을 1번을 밀어 세워진 비석에 가까이 간다. 이때 비석까지 한 걸음 뛰어서 도달하지 못하면 실격하게 된다.

❺ 마지막으로 비석을 밀어 차서 쓰러뜨린다.

● 세 번 뛰어 밀어치기

❶ 수비 편이 선에 비석을 세운다.

❷ 공격 편은 순서대로 출발선에서 비석을 세 걸음으로 뛰어 갈 수 있는 거리에 던져 놓는다.

❸ 비석을 던진 공격 편은 세 걸음 뛰어서 비석을 밀어치기 쉬운 곳에 멈춘다.

❹ 공격 편은 한 발로 서서 발로 비석을 밀어 차서 쓰러뜨린다.

● 장님

❶ 수비 편이 선에 비석을 세운다.

❷ 공격 편은 망을 찾기 쉬운 곳에 던져 놓는다.

❸ 망을 던져놓고 눈을 감은 상태에서 걸어가, 망을 찾아 눈을 감은 채로 던져 쓰러뜨린다.

❹ 비석을 쓰러뜨리면 다음 순서로 넘어가고, 비석을 다 쓰러뜨리지 못하면 공격권이 수비 편에게 넘어간다.

[그림 5-23] 장님

부록

전통놀이지도사
양성과정 제안서

한국전통체육연합회
Korea tradition sport federation

한국전통체육연합회

1 사업 개요

☐ **사 업 명** : 전통놀이지도사 양성 과정

☐ **교육 기간** : 201 년 월 일(화)~ 월 일( ) 오전 09:00 ~ 오후 13:00(총 10
회 40시간)

☐ **교육 장소** :

☐ **모집 인원** : 30명

☐ **수 강 료** : 무료

☐ **소요 예산** : 자지체의 예산에 따라 변경

☐ **위탁 기관 : 한국전통체육연합회**

☐ **사업 범위**

   ○ 교육프로그램 운영을 위한 전문 강사진 구성 및 섭외

   ○ 과정 신청자 상담 접수 및 교육생 선발

   ○ 과정 운영을 위한 전반적인 사항(교육장 준비, 강사 및 교육생 관리, 현수
막 교재) 준비

   ○ 회차별 교육 진행 후 강사 및 강의 평가를 통한 만족도 조사

   ○ 학습 성과 제고를 위한 체계적인 학사관리

2 사업 목적

☐ **배 경**

   ○ 잊혀져 가는 전통놀이의 보급

○ 전통놀이 보급으로 인한 사회체육 활성화

○ 전통놀이 보급으로 인한 노인 여가문화 활성화

□ 필요성

　○ 유아동을 위한 전통놀이 보급

　○ 노인들을 위한 사회체육 보급

　○ 노인들을 위한 여가문화 정착

　○ 노인 일자리 창출

3　사업 내용

□ 프로그램의 운영

　○ 지속적인 참여를 위한 체계적인 학사관리시스템 구축

　○ 과정 진행 중 개인 면담을 통한 비전 설정

　○ 수료 후 전부 취업할 수 있도록 맞춤형 진로 코칭

　○ ○○시의 특성화 프로그램으로 안착할 수 있도록 운영

□ 교재

　○ 전도근(2019). 전통놀이 지도의 이론과 실제. 예감출판사

□ 모집 대상

　○ 전통놀이에 대한 관심 가진 분

　○ 전통놀이지도사로 활동하고 싶은 분

○ 전통놀이 강사가 되고 싶은 분

○ 전문적인 직업을 갖고 싶은 분

□ 운영 인원

순서	구분	인원	업무
1	책임지도 강사	1명	전반적인 프로그램 운영
2	전문 강사	3명	수업 진행
3	보조 강사	1명	수업 보조

□ 홍보 계획

○ 관내 노인관련 기관에 수강생 모집 협조 공문 발송

○ 시청 홈페이지에 수강생 모집 홍보

○ 시청 관련 홈페이지에 수강생 모집 홍보

○ 관내 주민자치센터에 모집 홍보

○ 유관기관 및 관련 단체에 수강생 모집 협조

○ 현수막과 구전을 통한 홍보

4 교육 일정

회차	일정	강의 제목	강의내용
1	월 일	전통놀이지도사의 비전	오리엔테이션, 전통놀이지도사의 역할과 전망, 전통놀이지도사의 개념과 필요성

2	월 일	전통놀이의 이해	전통놀이의 정의, 전통놀이의 종류
3	월 일	전통놀이의 이해	전통놀이의 중요성, 전통놀이와 유사단어
4	월 일	생애발달 단계에 따른 전통놀이	아동 단계에서의 전통놀이, 청소년 단계에서의 전통놀이
5	월 일	생애발달 단계에 따른 전통놀이	성인 단계에서의 전통놀이
6	월 일	생애발달 단계에 따른 전통놀이	노인 단계에서의 전통놀이
7	월 일	지도방법	교육과정 작성방법
8	월 일	지도방법	전통놀이 지도 방법
9	월 일	지도방법	전통놀이 실습 방법
10	월 일	과정정리 및 평가	강의실전 피드백, 총정리

한국전통체육연합회 정관

한국전통체육연합회
Korea tradition sport federation

한국전통체육연합회

한국전통체육연합회 정관

2018년 8월 30일

제1장 총 칙

제1조 (명칭) 본 연합회는 한국전통체육연합회[韓國傳統體育聯合會; Korea Tradition sport Association] (이하 "연합회"라 한다)라 칭한다.

제2조 (목적) 본 연합회는 전통놀이를 국내·외에 널리 보급하고, 국민의 건강 증진 및 활기찬 여가생활을 도모하고, 명랑하고 밝은 대한민국 건설에 이바지함을 목적으로 한다.

제3조 (사무소) 본 연합회의 사무소는 서울에 둔다.

제4조 (사업) 본 연합회는 제2조의 목적을 달성하기 위하여 다음의 사업을 한다.
① 연간 사업계획의 수립, 시행
② 전통놀이의 개발 및 보급
③ 전통놀이 대회의 개최 및 주관
④ 전통놀이 보급 확산을 위한 지사 설립
⑤ 전통놀이 보급 확산을 위한 홍보 및 용구 공급
⑥ 각종 체육 관련 단체나 사회 단체와의 유대강화
⑦ 학교 스포츠 활성화를 위한 교직원 연수 및 스포츠 강사교육
⑧ 노인 사회체육 활성화를 위한 전문가 연수 및 강사 교육
⑨ 분과 연합회나 프로그램의 컨설팅 및 홍보지원

⑩ 기타 생활체육 활성화 및 본 연합회 발전에 필요한 사업

제2장 권리와 의무

제5조 (권리) 본 연합회는 다음의 각호에 규정한 권리를 가진다.
① 본 연합회의 사업을 시행하고, 총회에서 결정된 안건을 실행한다.
② 한국전통체육연합회에 대의원을 파견하여 발언권 및 의결권을 갖는다.
③ 한국전통체육연합회에 대하여 건의 및 소청할 수 있다.
④ 한국전통체육연합회가 주최, 주관 및 승인하는 사업에 참가할 수 있다.
⑤ 한국한타연합회에서 주관하는 사업을 시행할 수 있다.
⑥ 새로운 프로그램을 개발하고, 보급한다.

제6조 (의무) 본 연합회는 다음 각 호에 규정하는 의무를 가진다.
① 본 연합회 규정 및 총회에 의결된 사항을 준수해야 한다.
② 본 연합회의 발전과 산하 분과 연합회의 발전을 위해 노력해야 한다.
③ 사업계획서 및 예산서와 전년도 사업보고서 및 결산서를 본 연합회 총회
종료 후 10일 이내에 연합회에 제출하여 보고하여야 한다.
④ 회원은 정하는 회비를 납부하여야 한다.

제3장 회 원

제7조 (회원의 구성과 가입요건) 본 연합회의 회원은 다음과 같이 구성하며
각 호와 같은 가입요건을 갖추어야 한다.
① 본 연합회의 회원은 본 연합회 활동에 참가를 희망하는 단체(이하 "동호
회"라 한다) 및 정회원, 준회원 그리고 본 연합회 임원으로 한다.
② 정회원은 1인당 연간 20,000원의 회비를 납부하여야 한다.

③ 준회원은 1인당 연간 10,000원의 회비를 납부하여야 한다.

④ 동호회는 10명 이상의 정회원으로 구성되어야 한다.

⑤ 개인의 동호회 등록은 각 분과 연합회 별로 해야 하며, 다른 연합회와 중복이 가능하다.

제8조 (가입신청 및 시기) 본 연합회 회원에 가입하고자 하는 동호회 및 개인은 가입신청서를 본 연합회에 제출하거나 한국전통체육연합회 홈페이지에 등록하여야 한다.

① 동호회의 가입신청서에는 단체명, 운동장소, 회원의 신상명세, 부수를 명기하여야 한다(제1호 서식).

② 개인회원의 가입신청서에는 가입 분과 연합회명, 성명, 운동장소, 신상명세를 명기하여야 한다(제2호 서식).

③ 회원가입은 수시로 가능하다.

제9조 (회원의 권리) 본 연합회 회원은 다음 각 호에 규정한 권리를 가진다.

① 정회원은 본 연합회가 주관하는 각종 대회에 참가할 수 있으며, 선발전을 거쳐 각 시도 대표선수로서의 자격을 가질 수 있다.

② 준회원은 본 연합회가 주관하는 각종 대회에 참가할 수 있는 자격을 갖는다. 단, 일부 대회에는 제한을 받을 수도 있다.

제10조 (회원의 의무) 본 연합회 회원은 본 연합회에 대하여 다음 각 호에 규정한 의무를 가진다.

① 본 연합회의 정관 및 총회에서 의결된 사항을 준수하여야 한다.

② 본 연합회의 규정과 의결된 사항을 준수하여야 한다.

③ 본 연합회가 정한 소정의 회비나 참가비를 납부하여야 한다.

제11조 (탈퇴요건) ① 본 연합회에 가입한 회원이나 동호회는 임의로 탈퇴

할 수 있으며, 이는 본 연합회 이사회의 의결로써 확정되고 이를 차기 이사회에 보고하여야 한다.

　② 다음 각 호에 해당하는 회원단체는 본 연합회 이사회의 의결을 거쳐 탈퇴케 할 수 있다.

　1. 회원단체가 해산하거나 탈퇴를 요청하였을 경우
　2. 동호회로서 존속할 필요성이 인정되기 곤란한 경우
　3. 본 연합회의 규정과 의결된 사항을 준수하지 않거나 제 규정을 위배하였을 경우

제4장 조 직

　제12조 (조직) 한국전통체육연합회의 조직은 회장을 중심으로 부회장단과, 이사회와 교육연수원을 두고, 지부와 전문분과위원회를 두고 예하에 사무국을 둔다.

　① 이사회 : 한국전통체육연합회의 발전을 위하여 연합회의 사무를 처리하며, 연합회를 대표하여 연합회의 발전에 기여하고, 연합회의 행사에 참여하고, 회의에 참가한다. 이사회에는 경기이사, 심판이사, 재무이사, 교육이사, 시설이사, 홍보이사, 의전이사, 윤리이사, 국제교류이사, 자원봉사이사 등을 둔다.

　② 교육연수원
　교육연수원의 정책을 개발하고, 회원과 심판의 전문성을 교육하기 위하여 교육과 연수를 담당한다.

　③ 지부
　전국과 해외에 지부를 두고, 회원 모집과 관리, 용구의 공급, 프로그램의 공급, 경기 개최, 지도자 양성을 한다.

　④ 전문분과위원회
　아동, 청소년, 성인, 노인, 장애인, 외국인 분과로 나누며, 연합회와 프로그램

의 발전을 위하여 지속적인 프로그램을 개발한다.

⑤ 사무국

한국전통체육연합회의 운영에 필요한 행정업무와 회장단을 지원하는 역할을 한다. 사무국에는 사무총장을 두고, 그 아래에는 연합회에 대한 전반적인 홍보기획을 하는 분과, 경기 운영을 담당하는 분과, 조직관리를 하는 분과를 둔다.

제5장 임 원

제13조 (임원의 종류와 정수) 본 연합회는 다음의 임원을 둔다.

① 선임임원 : 이사 20인 이내(회장 1인, 부회장 약간 명 포함), 감사 2인

② 위촉임원 : 명예회장 약간 명, 고문 약간 명, 전문분과 자문위원 약간 명, 교육연수원장

③ 지부장

제14조 (임원의 임기) ① 이사의 임기는 2년, 감사의 임기는 2년으로 하되 연임할 수 있다.

② 임기의 기산은 일수를 기준으로 하지 않고 정기총회 마지막 일을 기준으로 한다.

③ 보선된 임원의 임기는 전임자의 잔여기간으로 하고 증원으로 인한 임원의 임기는 타 임원과 동일하다.

④ 임원의 임기 중 회장, 부회장을 포함한 전 임원이 개선될 경우 잔여 임기가 1년 이상일 때는 신임 임원 임기는 전임자의 잔여기간으로 하고, 1년 미만일 때는 전임자 잔여기간과 정규임기를 가산한 것으로 한다.

⑤ 임원의 임기가 만료된 경우에도 후임자가 취임하기 전까지는 그 직무를 집행하여야 한다.

⑥ 위촉임원의 임기는 선임임원의 임기에 준한다.

제15조 (선임임원의 선출방법)

① 회장은 대의원총회에서 선출한다.

② 부회장은 이사회에서 호선한다.

③ 사무총장은 회장이 직접 선임하고 이사회에서 승인한다.

④ 이사는 회장이 임명하여 대의원총회에서 승인을 받아야 한다. 단, 회장은 당연직 이사이다.

⑤ 감사는 총회에서 선출하되 대의원은 감사 외의 선임임원에 피선될 수 없다.

⑥ 회장, 감사를 제외한 이사 임기 중 결원이 있거나 충원이 필요할 때에는 이사회에서 이를 보선할 수 있다. 이 경우 차기 총회에 이를 보고하여야 한다.

제15조 (위촉임원의 선출방법) 위촉임원은 필요에 따라 둘 수 있되, 이사회의 동의를 얻어 회장이 위촉한다.

제16조 (임원의 직무) ① 회장은 본 연합회를 대표하고 회무를 총괄하며 총회, 이사회의 의장, 분과 연합회장이 된다.

② 부회장은 회장을 보좌하고 회장 유고시에는 회장이 지명하는 부회장이 회장의 직무를 대리한다.

③ 회장 궐위 시는 부회장 중 연장자 순에 의거 회장의 직무를 대행하며 부회장 전원이 궐위될 경우는 출석이사 중 연장자 사회아래 직무대행자를 선출한다.

④ 회장이 궐위된 경우, 회장의 잔여임 기가 3개월 미만인 경우에는 회장을 선출하지 아니하고 잔여 임기가 6개월 이상인 경우에는 제③항에 의한 업무대행자가 60일 이내에 총회를 개최하여 회장을 선출해야 한다.

⑤ 이사는 이사회를 구성하고 이사회에 출석하여 본 연합회와의 업무에 관한 사항을 의결하며, 이사회 또는 회장으로부터 위임받은 사항을 처리한다.

⑥ 위촉임원은 회장 자문 역할을 하며, 이사회에 출석하여 의견을 진술할 수 있다.

⑦ 임원이 해당 본 연합회 직무수행과 관련된 범죄사실로 기소되었을 경우 그 직무가 정지된다. 다만, 다음 각 호의 경우는 그러하지 아니한다.

1. 기소된 범죄사실의 법정형이 벌금형만 있는 경우

2. 약식명령이 청구된 경우

3. 과실범으로 기소된 경우

⑧ 임원이 본 연합회 직무 수행 이외의 범죄사실로 공소 제기된 후 구금상태에 있는 경우 그 직무는 정지된다.

제17조 (임원의 회비) 임원은 다음 각 호의 회비를 이사회가 정한 기한 내에 납부하여야 하며 납부하지 않을 경우 이사회 의결로써 임원의 자격을 상실케 할 수 있다.

① 회장은 연간 100만 원 이상의 회비를 납부한다.

② 부회장은 연간 50만원의 회비를 납부한다.

③ 이사는 연간 30만원의 회비를 납부한다.

제18조 (감사의 직무) ① 본 회의 재산상황을 감사하는 일

② 이사회의 운영과 그 업무를 감사하는 일

③ 본 연합회 재산상황 또는 총회 및 이사회의 운영과 업무 전반에 관하여 회장과 이사회 또는 총회에서 의견을 진술하는 일

④ 제①호 및 제②호의 감사결과 부정 또는 부당한 점이 발견될 때에는 이를 이사회 또는 총회에 그 시정을 요구하고, 시정되지 않을 때에는 본 연합회 회장에게 보고하는 일

⑤ 제④호의 보고를 위하여 필요한 때에는 이사회 또는 총회의 소집을 요구하는 일

제19조 (임원의 결격사유) 다음 각 호의 1에 해당하는 자는 본 연합회의 임원이 될 수 없다.

① 대한민국 국민이 아닌 자

② 금치산자 또는 한정치산자

③ 파산선고를 받은 자로서 복권되지 아니한 자

④ 금고이상의 형을 선고받고 그 집행이 종료되거나 집행을 받지 아니하기로 확정된 날로부터 3년이 경과되지 아니한 자

⑤ 법률 또는 법원의 판결에 의하여 자격이 상실 또는 정지된 자

제20조 (임원의 보수) 임원은 무보수 명예직으로 하며 업무수행에 필요한 최소한의 판공비와 실비는 지급할 수 있다.

제6장 대의원총회

제21조 (구성과 자격) ① 대의원총회는 각 지부장이나 회장이 추천한 각 1인의 대의원으로 구성한다.

② 정회원 20인 이상으로 구성된 동호회에서 대의원을 1인 추천할 수 있다.

③ 지부가 형성되기 전까지는 회장, 부회장, 이사들이 참여한다.

④ 대의원의 자격은 당해 정기 총회로부터 2년으로 한다.

제22조 (기능) 대의원 총회는 본 연합회의 최고 의결기관으로써 다음사항을 의결한다.

① 임원 선출에 관한 사항

② 규정 변경에 관한 사항

③ 예산 및 결산의 승인

④ 사업계획 및 사업실적 보고의 승인

⑤ 기타 중요한 사항

제22조 (소집) ① 대의원 총회는 정기총회와 임시총회로 나누며, 회장이 이를 소집한다. 정기총회는 매 회계연도 종료 후 1개월 이내에 개최한다.

② 임시총회는 이사회의 결의 또는 대의원 3분의 1이상의 서면 요청이 있을 때 소집하며, 2주일 이내에 이를 소집하여야 한다.

③ 총회소집은 토의사항을 명기하여 7일전에 통지하여야 한다. 다만, 긴급하다고 인정되는 정당한 사유가 있을 때에는 예외로 한다.

제23조 (총회소집의 특례) ① 회장은 다음 각 호의 1에 해당하는 소집요구가 있을 때에는 소집요구일로 부터 15일 이내에 총회를 소집하여야 한다.

1. 재적이사 과반수가 회의의 목적을 제시하여 소집을 요구한 때

2. 대의원 3분의 1 이상이 회의의 목적을 제시하여 소집을 요구한 때

② 총회 소집권자가 궐위되거나 또는 이를 기피함으로써 총회소집이 불가능할 때에는 재적이사 3분의 2 이상 또는 대의원 3분의 1 이상의 찬성으로 회장의 승인을 받아 총회를 소집할 수 있다.

제24조 (의장의 표결권) 회장이 의장직을 맡을 때는 의결 시 표결권 및 결정권을 행사할 수 없고, 임시의장이 선출될 때는 표결권을, 가부 동수일 때는 결정권을 가진다.

제25조 (총회의결 제척사유) 의장 또는 대의원이 자신의 해임에 관한 사항이나 재산의 수수를 수반하는 사업으로 자신과 본 연합회의 이해가 상반되는 사항은 그 의결에 참여하지 못한다.

제26조 (의사 및 의결 정족수) ① 총회는 재적대의원 과반수의 출석으로 개회한다.

② 총회의 의사표결은 본 정관에 특별히 규정한 것을 제외하고는 출석한 대의원의 과반수 찬성으로 의결한다.

③ 임원 선출과 관련하여 출석한 대의원 과반수 찬성으로 선출한다.

제27조 (서면결의) 회장은 총회에 부의할 사항 중 긴급을 요하는 사항에 관해서는 이를 서면결의에 부의할 수 있다. 이 경우 회장은 그 결과를 차기 총회에 보고하여야 한다.

제28조 (포상 및 징계) 국민 생활체육 전통놀이 발전에 기여한 공적이 현저한 단체 및 개인을 포상하며 비리가 있는 연합회나 회원 단체 및 개인을 징계할 수 있다.

① 포상은 국민 생활체육이나 전통놀이 발전에 기여한 공적이 현저한 연합회나 동호회 및 개인을 포상하되 이사회의 추천으로 이사회 의결로 결정한다.

② 징계는 국민 생활체육 발전에 해를 끼치거나 불이익을 초래한 연합회 임원 및 개인을 회장이 이사회의 의결을 얻어 징계 할 수 있다.

제29조 (임원의 불신임) ① 총회는 임원에 대하여 부분적 또는 전체적으로 해임을 의결할 수 있다.

② 해임안은 재적 대의원 3분의 1이상의 찬성으로 발의되고 재적 대의원 3분의 2 이상 찬성으로 의결한다.

③ 해임안이 의결되었을 때에는 당해 임원은 즉시 해임된다.

④ 해임안이 의결되면 총회는 즉시 선임 임원을 선출하여 본 연합회의 업무 수행에 차질이 없도록 해야 한다.

제30조 (임원의 발언권) 임원은 총회에 출석하여 의견을 진술하고 질문에

응답 할 수 있다.

제7장 이 사 회

제31조 (구성) 이사회는 회장, 부회장 및 이사로 구성하며 본 연합회의 최고 집행기관이다.

제32조 (기능) 이사회는 다음 각 호의 사항을 처리, 집행한다.
① 연합회 업무집행에 관한 사항
② 사업계획의 운영에 관한 사항
③ 예산안 및 결산에 관한 사항
④ 규정 개정안 작성에 관한 사항
⑤ 분과 연합회 및 지사의 조정 및 통할에 관한 사항
⑥ 총회에서 위임받은 사항
⑦ 총회 부의 사항의 작성 및 상정
⑧ 사무총장에 대한 임면동의
⑨ 기타 중요사항

제33조 (의사 및 의결 정족수) ① 이사회는 재적이사 과반수의 출석으로 성원이 된다.
② 이사회의 표결은 출석한 이사의 과반수 찬성으로 결의한다.
③ 의장은 의결에 있어 표결권을 가지며, 가부 동수일 경우에는 결정권을 가진다.

제34조 (소집) ① 이사회는 필요에 따라 회장이 소집한다.
② 이사회의 의장은 회장, 부회장 및 선임이사 순으로 한다.

제35조 (소집의 특례) ① 회장은 재적이사 과반수가 회의의 목적을 제시하여 소집을 요구한 때 소집요구일로부터 15일 이내에 이사회를 소집하여야 한다.

② 이사회의 소집권자가 궐위되거나 또는 이를 기피함으로써 15일 이상 이사회 소집이 불가능할 때에는 재적이사 3분의 2이상 또는 회장의 승인을 받아 소집할 수 있다.

제36조 (긴급처리) 회장은 그 내용이 경미하거나 또는 긴급하다고 인정될 때에는 이를 집행할 수 있다. 다만, 즉시 소집되는 이사회에 이를 보고하여 승인을 받아야 한다.

제8장 운영위원회

제37조 (구성) 본 연합회의 원활한 운영을 위하여 임원중에서 다음 각 호로 구성된 운영위원(장)을 둔다.

① 회장
② 수석부회장
③ 부회장
④ 사무총장
⑤ 경기이사(위원장)
⑥ 심판이사(위원장)
⑦ 재무이사(위원장)
⑧ 교육이사(위원장)
⑨ 시설이사(위원장)
⑩ 홍보이사(위원장)

⑪ 의전이사(위원장)

⑫ 윤리이사(위원장)

⑬ 국제교류이사(위원장)

⑭ 자원봉사이사(위원장)

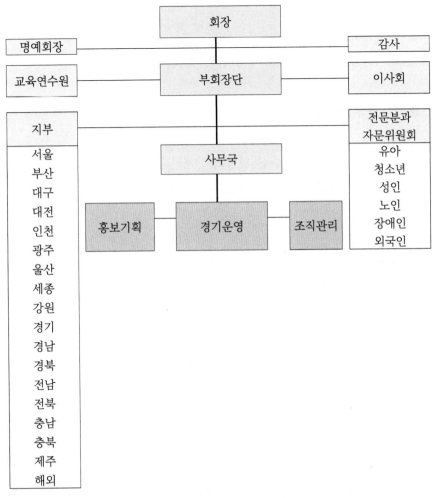

한국전통체육연합회의 조직

제38조 (기능) 운영위원회는 다음 각 호의 사항을 처리, 집행한다.

① 긴급현안처리

② 간단한 사업 및 계획 승인

③ 각종 물품구매에 대한 적정성 검토

④ 본 연합회 주최, 주관 대회요강 심의

⑤ 출전선수의 자격 및 주심·부심 심의

⑥ 부정선수에 관한 사항

⑦ 경기운영의 분쟁사항에 따른 심의 및 결정

제9장 재산 및 회계

제39조 (재산의 구분) ① 본 연합회의 재산은 기본재산과 보통재산으로 구분하며 다음 각 호에 해당하는 재산은 기본재산으로 한다.

1. 회비

2. 기금

3. 대회참가비

4. 체육회 지원금

5. 이사사회의 결의에 의하여 기본재산으로 편입되는 자산

② 본 연합회의 재산 중 전항 각호 이외의 재산은 보통재산으로 한다.

③ 기부금품은 기부하는 자의 지정에 따른다.

제40조 (재정) 본 연합회가 제5조의 사업을 수행하기 위하여 지출하는 경비는 다음 수입금으로 충당한다.

① 정부 및 공공단체의 보조금

② 회원 및 임원의 회비

③ 기부금 및 찬조금

④ 광고홍보비 및 대회참가비

⑤ 용구 판매 수입금

⑥ 심판과 지도자 양성 교육비

⑦ 교육자격증 발급비

⑧ 기타 수익금

제41조 (지출) 본 연합회의 발전을 위해 지급하는 비용은 다음과 같다.

① 각종 회의에 들어가는 비용

② 분과 연합회 행사 참가비

③ 프로그램 개발 및 보급에 들어가는 비용

④ 광고홍보비

⑤ 사무국 직원 임금

⑥ 회장 판공비

⑦ 기타(총회에서 지출이 필요하다고 하는 비용)

제42조 (잉여금의 처리) 본 연합회의 매 회계연도 결산상 잉여금은 다음 순으로 처리한다.

① 이월 결손금의 보존

② 차기 회계연도 목적사업비로 이월

③ 기본재산으로 편입시키기 위한 적립

제43조 (재산관리) 본 연합회의 기본재산을 양도, 증여 또는 용도변경 하거나 담보에 제공 하고자 할 때 또는 의무의 부담이나 권리를 포기하고자 할 때에는 이사회 또는 총회의 승인을 얻어야 한다.

제44조 (예산 및 결산의 승인) ① 본 연합회의 사업계획과 예산안은 회장이

매 회계연도 마다 편성하여 이사회 및 대의원총회의 의결을 거쳐 승인을 받아야 한다.

② 본 연합회의 사업보고 및 결산은 회계연도 종료 후 1개월 이내에 회장이 작성하여 재산 증감 사유서와 감사의 의견서를 첨부 보고하여야 한다.

③ 본 연합회가 예산외의 재무 부담을 하고자 할 때에나 불가피한 사정으로 사업계획을 변경하고자 할 때에는 이사회 또는 대의원총회의 의결을 거쳐 승인 받아야 한다.

제45조 (회계연도) 본 연합회의 회계연도는 정부의 회계연도에 따른다.

제46조 (기금 및 적립금) ① 본 연합회의 이사회 의결을 거쳐 특별한 목적을 위한 기금을 조성하거나 적립금을 둘 수 있다.

② 전항의 기금 및 적립금은 특별회계로 한다.

부 칙

제1조 (시행일) 본 규정은 한국전통체육연합회 이사회의 승인을 받은 날로부터 시행한다.

제정일 2018년 8월 30일

전통놀이심판 자격관리 · 운영 규정

한국전통체육연합회
Korea tradition sport federation

한국전통체육연합회

제1장 총 칙

제1조(목적) 이 규정은 전통놀이 심판 자격검정의 관리 감독·운영에 필요한 사항을 규정함에 있어 공정한 심사·자격기준 정함을 목적으로 한다.

제2조(정의) 이 규정에서 사용하는 전통놀이 심판은 전통놀이 심판 자격시험에 합격한 자를 말하며, 전통놀이에 대한 전문적인 지식을 갖추고 경기 지도 및 교육프로그램을 활용 및 운영할 수 있는 전문가를 의미한다.

제2장 관리 조직

제3조(검정인력 검정조직의 업무분담) 검정은 검정관리팀장을 두어 검정관리 전반을 담당하도록 하며, 팀장이하 검정기획담당, 출제, 검정관리담당을 두어 자격검정을 운영한다.

제4조(검정인력) 검정은 검정관리전반을 담당하도록 하며, 팀장이하 검정기획담당, 인쇄담당, 검정관리담당을 두어 검정을 운영한다.

제5조(검정조직의 업무분담) 검정관리팀은 다음과 같이 업무를 분담하여 수행한다.
 ① 검정기획담당자는 다음 각 호의 업무를 수행한다.
 1. 검정 시행계획의 수립 및 공고 등에 관한 사항
 2. 원서접수·시험장소 및 시험감독 등에 관한 사항
 3. 민간자격취득자 관리 및 자격증 교부·관리에 관한 사항
 4. 검정업무 지도·감독에 관한 사항
 5. 검정업무 제도개선에 관한 사항

6. 민간자격검정사업의 회계처리에 관한 사항

7. 그 밖에 민간자격 검정의 관리·운영에 관한 사항

② 출제 담당자는 다음 각 호의 업무를 수행한다.

1. 검정 출제기준의 작성 및 변경에 관한 사항

2. 검정의 필기·실기 시험문제의 출제, 관리 및 인쇄에 관한 사항

3. 합격발표에 관한 사항

③ 검정관리 담당자는 다음 각 호의 업무를 수행한다.

1. 원서접수·시험장소 및 시험감독 등에 관한 사항

2. 자격취득자 관리 및 자격증 교부·관리에 관한 사항

3. 검정의 집행(수험원서 접수, 감독위원등의 배치, 시험장 설치, 검정 시행 등)에 관한 사항

4. 자격취득자 사후관리에 관한 사항

제3장 자격의 검정

제6조(검정기준) ① 전통놀이 심판은 전통놀이에 대한 이론과 실기를 겸비하고 지도자의 소양과 자질을 갖추고 있어야 하며, 전통놀이 교육프로그램을 활용 및 운영할 수 있는 능력 유무를 기준으로 하여 등급별 검정기준을 정한다.

③ 전통놀이 심판의 등급별 검정기준은 다음과 같다.

등급		검 정 기 준
전통놀이심판	1급	전문가 수준의 전통놀이 운동경기 이론 및 실기의 능력을 갖추고 심판으로서 인격적인 양심과 객관적 판단력을 갖춘 최고 수준.
	2급	일반적인 수준의 전통놀이 이론 및 실기의 능력을 갖추고 경기운영에 대한 수신호 숙지 여부와 객관적 판단력을 갖춘 수준.

제7조(검정방법 및 검정과목) 전통놀이 심판 및 심판 자격증의 검정과목과 과목별 주요내용은 다음과 같다.

· 검정방법 및 검정과목 / 실기 *필기 100점 만점, 실기 수준평가 A~D등급

등 급		검정방법		검정 과목	합격기준	시험시간 (필기,실기)
전통놀이심판	1급	필기	주관식	· 전통놀이 경기운영에 대한 숙련성 · 전통놀이 경기운영 중 문제해결방법	필기 80점 이상	(각 30분 총 60분)
		실기	시연 및 발표	· 전통놀이 경기운영 능력 평가 · 일반심판 교육에 대한 강의 교수법	실기 B등급 이상	
	2급	필기	주관식	· 전통놀이 경기운영에 대한 심판의 역할 · 심판의 판정기준과 반칙기준 판단	필기 70점 이상	(각 30분 총 60분)
		실기	시연 및 발표	· 전통놀이 주심, 부심의 역할 실기 · 전통놀이 경기 규칙과 경기운영 요령 평가	실기 B등급 이상	

제8조(응시자격)

1. 만 18세 이상인자

2. 성별, 연령, 학력 제한 없음

등 급		응시자격
전통놀이 심판	1급	전통놀이 1급 심판은 일반심판 취득 후 1년이 경과된 자로 이론 교육 3시간과 실기교육 5시간 이상 교육이수
	2급	전통놀이 2급 심판은 전통놀이지도자로 3개월 이상 활동 후 이론교육 2시간 이상과 실기교육 5시간 이상 교육이수

제9조(시험위원) 전통놀이 심판 자격검정시험 위원은 출제위원과 감독위원
으로 구성되며, 각 위원의 역할과 준수사항은 다음 각 항과 같다.

1. 출제위원은 출제위원으로 임명받은 낭 해 연도 전통놀이 심판 자격검정시
험 문제를 출제한다.

2. 출제위원은 출제한 문제와 정보에 대해 출제하고 누구에게도 유출하여서
는 아니 되며, 유출 시 모든 법적책임을 진다.

3. 시험감독 위원은 전통놀이 심판 자격검정시험을 감독하며, 응시자 유의사
항을 준수하지 않는 응시자에 대해 적법한 제제를 가한다.

제10조(유효기간) 전통놀이 심판 자격은 유효기간 없이 취득 시 부터 평생으
로 한다.

(부 칙)

제 1조 본 규정의 시행일은 주무관청의 허가를 받아 면허등록을 한 날부터
시행한다.

제 2조 분실, 훼손, 기재 사항의 변동 등으로 자격증을 재발급할 때에는 별도
의 재발급 수수료를 받아 진행한다.

전통놀이지도자 자격관리·운영 규정

한국전통체육연합회
Korea tradition sport federation

한국전통체육연합회

제1장 총 칙

제1조(목적) 이 규정은 전통놀이 지도자 자격검정의 관리 감독·운영에 필요한 사항을 규정함에 있어 공정한 심사 ·자격기준 정함을 목적으로 한다.

제2조(정의) 이 규정에서 사용하는 전통놀이 지도자는 전통놀이 지도자 자격시험에 합격한 자를 말하며, 전통놀이에 대한 전문적인 지식을 갖추고 경기 지도 및 교육프로그램을 활용 및 운영할 수 있는 전문가를 의미한다.

제2장 관리 조직

제3조(검정인력검정조직의 업무분담) 검정은 검정관리팀장을 두어 검정관리 전반을 담당하도록 하며, 팀장이하 검정기획담당, 출제, 검정관리담당을 두어 자격검정을 운영한다.

제4조(검정인력) 검정은 검정관리전반을 담당하도록 하며, 팀장이하 검정기획담당, 인쇄담당, 검정관리담당을 두어 검정을 운영한다.

제5조(검정조직의 업무분담) 검정관리팀은 다음과 같이 업무를 분담하여 수행한다.
① 검정기획담당자는 다음 각 호의 업무를 수행한다.
1. 검정 시행계획의 수립 및 공고 등에 관한 사항
2. 원서접수시험장소 및 시험감독 등에 관한 사항
3. 민간자격취득자 관리 및 자격증 교부•관리에 관한 사항
4. 검정업무 지도·감독에 관한 사항
5. 검정업무 제도개선에 관한 사항

6. 민간자격검정사업의 회계처리에 관한 사항

7. 그 밖에 민간자격 검정의 관리•운영에 관한 사항

② 출제 담당자는 다음 각 호의 업무를 수행한다.

1. 검정 출제기준의 작성 및 변경에 관한 사항

2. 검정의 필기·실기 시험문제의 출제, 관리 및 인쇄에 관한 사항

3. 합격발표에 관한 사항

③ 검정관리 담당자는 다음 각 호의 업무를 수행한다.

1. 원서접수시험장소 및 시험감독 등에 관한 사항

2. 자격취득자 관리 및 자격증 교부관리에 관한 사항

3. 검정의 집행(수험원서 접수, 감독위원 등의 배치, 시험장 설치, 검정 시행 등)에 관한 사항

4. 자격취득자 사후관리에 관한 사항

제3장 자격의 검정

제6조(검정기준) ① 전통놀이 지도자는 전통놀이에 대한 이론과 실기를 겸비하고 지도자의 소양과 자질을 갖추고 있어야 하며, 전통놀이 교육프로그램을 활용 및 운영할 수 있는 능력 유무를 기준으로 하여 등급별 검정기준을 정한다.

③ 전통놀이 지도자의 등급별 검정기준은 다음과 같다.

등급		검 정 기 준
전통놀이지도자	1급	전문가 수준의 전통놀이 기술과 실력을 겸비하고, 전통놀이 전문선수양성 및 교육프로그램을 활용. 일반지도자를 교육할 수 있는 수준.
	2급	전통놀이에 대한 전반적인 이론과 경기규정을 숙지하고, 일반인을 대상으로 전통놀이를 지도할 수 있는 수준.

제7조(검정방법 및 검정과목) 전통놀이 지도자 및 심판 자격증의 검정과목과 과목별 주요내용은 다음과 같다.

· 검정방법 및 검정과목 / 실기 *필기 100점 만점, 실기 수준평가 A~D등급

등 급		검정방법		검정 과목	합격 기준	시험시간 (필기, 실기)
전통 놀이 지도 자	1급	필기	주관식	· 전통놀이의 경기기술의 응용 · 전통놀이의 교육방법론 활용	필기 80점 이상	(각 30분 총 60분)
		실기	시연	· 전통놀이 교수법 · 교육 프로그램 활용한 지도법	실기 B등급 이상	
	2급	필기	주관식	· 전통놀이 경기 기술 및 용어 · 라켓스윙 방법과 스텝의 종류	필기 60점 이상	(각 30분 총 60분)
		실기	시연	· 경기진행 테스트 · 지도방법 테스트	실기 B등급 이상	

제8조(응시자격)

1. 만 18세 이상인자
2. 성별, 연령, 학력 제한 없음

등 급		응시자격
전통놀이 지도자	1급	전통놀이지도자 일반지도자를 취득 후 2년이 경과한 자로 이론교육 3시간과 실기교육 5시간 이상 교육이수
	2급	전통놀이지도자는 이론교육 2시간 이상과 실기교육 4시간 이상 교육이수

제9조(시험위원) 전통놀이 지도자 자격검정시험 위원은 출제위원과 감독위원으로 구성되며, 각 위원의 역할과 준수사항은 다음 각 항과 같다.

1. 출제위원은 출제위원으로 임명받은 당 해 연도 전통놀이 심판 자격검정시험 문제를 출제한다.

2. 출제위원은 출제한 문제와 정보에 대해 출제하고 누구에게도 유출하여서는 아니 되며, 유출 시 모든 법적책임을 진다.

3. 시험감독 위원은 전통놀이 심판 자격검정시험을 감독하며, 응시자 유의사항을 준수하지 않는 응시자에 대해 적법한 제제를 가한다.

제10조(유효기간) 전통놀이 지도자 자격은 유효기간 없이 취득 시 부터 평생으로 한다.

(부 칙)

제 1조 본 규정의 시행일은 주무관청의 허가를 받아 면허등록을 한 날부터 시행한다.

제 2조 분실, 훼손, 기재 사항의 변동 등으로 자격증을 재발급할 때에는 별도의 재발급 수수료를 받아 진행한다.

전통놀이대회 운영계획서

1. 행사 개요

가. 행사명 : "전국전통놀이대회"

나. 기　간 : 2019. 11. 13(목) 10:00~17:00

다. 장　소 : 00 노인정

라. 주　최 : 한국전통체육연합회 00지부

마. 주　관 : 한국전통체육연합회

바. 참가대상 : 남녀노소

아. 참가인원 : 300명

2. 경기 규정

가. 경기종목 : 단체전

나. 팀 구 성 : 10명 단위로 팀 구성

다. 경기 규칙 : 경기 및 심판 규정은 대한 전통놀이연합회의 경기규칙을 적용

라. 경기 방법 : 가장 높은 점수를 받은 팀이 우승

3) 운영 계획

구분	경기시간	내용
등록	10:00 ~ 10:30	00노인정
개회식	10:30 ~ 11:00	
경기	11:00 ~ 12:00	단체전

	12:00 ~ 13:00	중식
	13:00 ~ 16:30	단체전
폐회식	16:00 ~ 17:00	폐회식

4) 시상 내역

구분	순위	시상내용			비고
		상장	트로피	상금	우승기
시상	종합우승	○	○	00만원	
	준우승	○	○	00만원	
	3위	○	○	00만원	

전통놀이대회 참가신청서

구분	성명	주민등록번호	성별	주소	전화번호
대표		-			
선수 1		-			
선수 2		-			
선수 3		-			
선수 4		-			
선수 5		-			
선수 6		-			
선수 7		-			
선수 8		-			
선수 9		-			
선수 10		-			
후보		-			

유네스코 지정 한국의 무형유산

유네스코에서는 세계의 무형유산 중에서 보존의 가치와 전통성을 고려하여 무형유산을 지정한다. 한국에는 지금까지 19가지가 지정되어 있다.

	무형유산명	등록연도
1	종묘제례 및 종묘제례악	2001
2	판소리	2003
3	강릉단오제	2005
4	강강술래	2009
5	남사당놀이	2009
6	영산재	2009
7	제주 칠머리당 영등굿	2009
8	처용무	2009
9	가곡	2010
10	대목장	2010
11	매사냥	2010
12	택견	2011

	무형유산명	등록연도
13	줄타기	2011
14	한산 모시짜기	2011
15	아리랑	2012
16	김장	2013
17	농악	2014
18	줄다리기	2015
19	제주해녀문화	2016

참고 문헌

김광언(1989). 한국의 민속놀이. 서울: 인하대학교 출판부.

김광언(2004). 동아시아의 놀이. 서울: 민속원.

김선등(1987). 한국 문화의 멋과 지혜.

남병웅(2018). 손주하고 전래놀이 실버끼리 전통놀이. 일일사.

도유호외(1999). 북한 학자가 쓴 조선의 민속놀이. 서울: 푸른숲.

문미옥·이혜상·민행난(2004). 한국전통문화와 유아교육. 서울: 양서원.

서해숙(2002). 민속놀이의 현대적 접근 시론. 호남문화연구.

성병희(1996). 민속놀이와 민중의식. 서울: 집문당.

심우성(1998). 민속문화론 서설. 서울: 동문선.

오장현·박진주·심우성 (1987). 민속놀이 지도자료. 서울: 대광문화사.

유안진(1981). 한국고유의 아동놀이. 서울: 정민사.

이기숙·정미라·엄정애(2010). 전통유아놀이의 연구와 실제. 서울: 창지사.

이상호(1999). 전래놀이 101가지. 서울: 사계절.

이상호(2002). 문화원형백과 전통놀이. 서울: 한국콘텐츠진흥원.

이은해·지혜련·이숙재(1990). 놀이이론. 서울: 창지사.

임혜수·정효원(2017). 창의적 전통놀이와 전래놀이.

임동권(1989). 민속론. 서울: 집문당. 창지사

전도근(2018). 치매예방의 이론과 실제. 고양: 해피앤북스.

전인구(2018). 학교와 마을이 하나되는 전통놀이. 서울: 테크빌교육

전인옥(2011). 다문화접근 한국 전통놀이교육. 서울: 양서원.

조민희(2017). 전통놀이 넓힘. 서울: e퍼플

조민희(2017). 놀이문화 계승과 공유를 위한 전통놀이 펼침. 서울: e퍼플

창의전래놀이교육협회(2016). 전통아 놀자 전래야 놀자. 일일사

최상수 (1985). 한국민속놀이의 연구. 서울: 성문각.

최석란·이경희·이상화·서원경(2010). 놀이지도. 고양: 공동체.

창의적인 전래놀이 지도를 위한

전통놀이의 이론과 실제

초판1쇄 - 2019년 7월 10일
*

지은이 - 서윤희·송유순·전도근
펴낸이 - 이 규 종
펴낸곳 - 예감출판사
*

주소-경기도 고양시 일산동구 공릉천로 175번길 93-86

전화-031)962-8008

팩시밀리-031)962-8889

홈페이지-www.elman.kr

전자우편-elman1985@hanmail.net

잘못된 책은 바꾸어 드립니다.

무단복제를 금합니다.
*

ISBN   979-11-89083-56-4(13690)

값 15,000원

저자소개

서 윤희

저자는 충북 제천 출생이고, 경희대학교 공공대학원 사회복지학과 석사과정에 재학 중이다. 어린이 집을 운영하여 영유아 교육기관에 대한 컨설팅과, 노인주야간보호센터를 운영한 경험을 바탕으로 노인복지 향상을 위하여 노인관련하여 치매예방과 재활 프로그램 개발하여 보급하고 있으며, 주야간보호센터나 요양원 등의 노인관련 기관 설립과 성장 컨설팅을 하고 있다. 현재는 한국 전통체육연합회의 회장으로 노인들을 위한 전통놀이를 활용한 전통체육을 만들어 보급하고 있다.

송 유순

저자는 창의문화교육연구소의 소장으로서 전국의 대학교, 지방자치단체, 교육청, 평생교육원, 기업체 연수원 등에서 위탁교육 및 교육프로그램을 운영하고 있으며, 특히 전국의 교육청과 학교에서 학부모, 교사, 학생을 대상으로 부모교육, 진로, 자존감 높이는 방법, 푸드테라피 교육을 하고 있으며, 어린이집과 유치원, 노인정, 노인복지관에서 인지능력을 향상시키는 교육과 노인푸드테라피 교육을 하고 있다. 전통놀이강사협회 회장과 한국전통체육연합회 전라북도 지사장으로서 전통놀이 보급하고, 전통체육를 개발하고 보급하고 있다. 저서로는 「아이의 자존감을 높이는 대화법」 이 있다.

전 도근

충남 청양에서 태어나 공주대학교 일반사회교육과를 졸업하고 경희대학교 교육대학원에서 교육공학을 공부하였으며, 홍익대학교에서 평생교육정책으로 박사학위를 받았다. 지금까지 『엄마는 나의 코치』, 『아빠 대화법』, 『자기주도적 공부습관을 길러 주는 학습코칭』 『명강사를 위한 명강의 비법』, 『치매예방의 이론과 실제』 등 200여 권의 저서를 집필하였다.